1000 POILADES

Hugo Image

Illustrations : © Freepik, DR, Shutterstock

Ouvrage dirigé par Sophie Le Flour

34-36, rue La Pérouse
75116 Paris
www.hugoetcie.fr

ISBN : 9782755639377
Dépôt légal : octobre 2018
Imprimé en Chine

SOMMAIRE

1000 POILADES, 4 THÉMATIQUES !

FAMILLE

« Je n'ai pas besoin d'ennemis,
j'ai de la famille. »

Jean-Jacques Peroni

◆◆◆

« Le quadruple crime de Trifouilly-sur-mer
éclairci : le meurtrier était un ami
de la famille. On frémit à l'idée que ç'aurait
pu être un ennemi de la famille. »

Pierre Desproges

◆◆◆

« Après un bon dîner, on n'en veut plus
à personne, même pas à sa propre famille. »

Oscar Wilde

« On lave son linge sale en famille, mais si on est tout seul on peut aussi aller au Lavomatic. »

Michèle Bernier

◆◆◆

« Rien de tel qu'un célibataire pour avoir des théories sur les enfants. »

Paul Claudel

◆◆◆

« Noël est une conspiration pour bien faire sentir aux célibataires qu'ils sont seuls. »

Armistead Maupin

« Quand je suis seul, je me repasse la vidéo de mon mariage à l'envers, juste pour me voir sortir de l'église en homme libre. »

Jim Davidson

◆◆◆

« Je ne comprends pas pourquoi les gens n'arrêtent pas de dire que le mariage ne sert à rien. Moi, je me suis marié cinq fois et ce furent de très belles fêtes. »

Peter De Vries

« Certains croient que le génie est héréditaire. Les autres n'ont pas d'enfants. »

Marcel Achard

◆◆◆

« On dit qu'il y a dans le monde une femme qui donnerait naissance à un enfant toutes les deux secondes. Il faut absolument la retrouver pour l'empêcher de continuer. »

Sam Levenson

◆◆◆

« Le seul truc sympa chez les enfants, c'est qu'ils ne vous forcent pas à regarder des photos de leurs grands-parents. »

Niall Toibin

« La jeunesse est une période merveilleuse.
C'est vraiment un crime que ce soit
les adolescents qui en profitent. »

George Bernard Shaw

◆◆◆

« L'adolescence, c'est comme l'art, tout le monde
critique et personne ne comprend. »

Robert McFly

◆◆◆

« C'est quand même marrant. Un jour,
vous recevez une facture de téléphone
et vous vous rendez compte
que vos enfants sont des adolescents. »

Milton Berle

« Quand mon fils est né,
j'ai rêvé qu'il était adulte
et qu'il recevait le Prix Nobel.
Mais la même nuit, j'ai fait
un autre rêve où il disait :
"Les frites, vous les voulez
sur place ou à emporter ?" »

Robin Williams

◆◆◆

« Nous n'avons pas divorcé à cause de notre fils. Ni l'un ni l'autre ne souhaite en avoir la garde. »

Roy Chubby Brown

« Je crois que mon fils va devenir médecin. Personne n'arrive à déchiffrer son écriture. »

Henny Youngman

◆◆◆

« Il n'a jamais été le fils préféré de sa mère, et pourtant il était fils unique. »

Thomas Berger

◆◆◆

« La science, c'est ce que le père enseigne à son fils. La technologie, c'est ce que le fils enseigne à son papa. »

Michel Serres

« La plupart des parents ne se font
aucun souci pour leur fille
jusqu'au matin où elle n'est pas
là pour le petit-déjeuner.
Et là, c'est trop tard. »

Kin Hubbard

◆◆◆

« Les extraterrestres n'existent pas.
La preuve ? Il n'y en a aucun dans
le répertoire téléphonique de ma fille. »

Larry Mathews

◆◆◆

« Mon père voulait que je reçoive
l'éducation qu'il n'avait pas eue,
c'est pourquoi il m'a envoyé dans une
école de filles. »

Ken Dodd

« Ma femme
est complètement
immature.
Lorsque je prends un bain,
elle vient m'embêter
en coulant mes petits
bateaux. »

Woody Allen

« Ceux qui disent
dormir comme
un bébé, en général,
n'en ont pas. »

Leo J. Burke

◆◆◆

« Le seul moment où une femme
réussit à changer un homme,
c'est quand il est bébé. »

Natalie Wood

« Certaines femmes disent que le jour de l'accouchement est le plus beau de leur vie... Je me demande à quoi ressemblent les autres jours de leur vie ! »

Florence Foresti

◆◆◆

« Une de mes amies m'a dit que son accouchement avait duré 36 heures. Je ne veux rien faire, même de très agréable, qui dure aussi longtemps. »

Rita Rudner

« Ma belle-mère est totalement obsédée par la propreté qu'elle met du papier journal sous le coucou de l'horloge. »

Henny Youngman

◆◆◆

« Je connais une belle-mère qui se couche avec ses lunettes pour mieux voir souffrir son gendre dans ses rêves. »

Ernest Coquelin

◆◆◆

« Derrière chaque homme qui a réussi, on trouve une femme dévouée et une belle-mère incrédule. »

Tom Allen

« La fidélité est l'art de ne pratiquer l'adultère que par la pensée. »

Decoly

◆◆◆

« La fidélité conjugale : une terrible démangeaison avec défense de se gratter. »

Aurélien Scholl

◆◆◆

« J'ai fini par m'apercevoir que je n'étais plus seul à partager la fidélité de mon épouse. »

Eugène Labiche

« Ma femme m'avait emprunté ma voiture. Elle est rentrée à la maison et m'a dit qu'elle avait une bonne et une mauvaise nouvelle. Je lui ai demandé de commencer par la bonne et elle m'a dit : "Les airbags fonctionnent très bien". »

Roy Chubby Brown

◆◆◆

« L'homme est programmé pour marcher 20 kilomètres sous la pluie pour trouver un téléphone et appeler les secours lorsque la voiture est en panne, et la femme est programmée pour lui dire, lorsqu'il revient complètement trempé : "TU EN AS MIS DU TEMPS !" »

Victoria Wood

« Quand mon mari et moi prenons la voiture,
je le laisse conduire, parce que lorsque
c'est moi qui conduis, il a tendance à mordre
le tableau de bord. »

Rita Rudner

◆◆◆

« Je n'aurai jamais d'enfant parce
que j'aurai trop peur de l'oublier sur le toit
de la voiture. »

Lizz Winstead

◆◆◆

« Tous les samedis soir, je demandais à mon père
de me prêter ses clés de voiture. Et chaque fois
il me répondait : "D'accord, mais ne les perds
pas. Un jour nous en aurons peut-être une." »

Yakov Smirnoff

« Un cadeau de fête des mères pas cher, c'est de lui donner le cadeau de Noël que t'as oublié de lui donner à son anniversaire. »

Pierre Légaré

◆◆◆

« Noël était une fête horrible lorsque j'étais petit parce que je croyais au Père Noël. Malheureusement, mes parents aussi. »

Charlie Viracola

◆◆◆

« La fête des pères est comme la fête des mères, sauf pour le cadeau qui coûte moins cher. »

Gerald F. Lieberman

« Avant d'être marié,
j'avais trois théories
sur l'éducation
des enfants.
Aujourd'hui
j'ai trois enfants
et aucune théorie. »

John Wilmot

« Où peut-on être mieux qu'au sein d'une famille ? Partout ailleurs ! »

Hervé Bazin

◆◆◆

« J'avais grandi dans une famille décomposée, avant de décomposer la mienne. »

Frédéric Beigbeder

◆◆◆

« Le bonheur, c'est d'avoir une grande famille, soudée, attentionnée et protectrice… dans une autre ville. »

George Burns

« Le chef de famille c'est celui
qui tient la télécommande. »

Jean-Jacques Thibaud

◆◆◆

« Une famille, c'est un nid de frelons
en pétard. »

Madeleine Chapsal

◆◆◆

« Les familles, l'été venu, se dirigent
vers la mer en y emmenant leurs enfants.
Dans l'espoir, souvent déçu, de noyer
les plus laids. »

Alphonse Allais

« Disparition des Duty Free :
deux mille adolescents malentendants
se seraient suicidés ce matin
en croyant au décès collectif
de leur boys band préféré. »

Laurent Ruquier

◆◆◆

« Le problème avec les adolescents,
c'est qu'ils ne sont pas consignés. »

Quentin Crisp

◆◆◆

« Avoir une adolescente sous son toit,
c'est un peu comme être dans l'œil du cyclone.
Tout ce que vous pouvez faire, c'est remonter
les vitres et constater les dégâts une fois
que la tempête est passée. »

Buzz Nutley

« Les enfants, c'est bien beau,
mais il faut couvrir leurs vagissements
quand ils sont bébés et leurs agissements
une fois qu'ils sont adolescents. »

Marc Escayrol

◆◆◆

« La vie est trop courte pour s'attarder
à faire changer l'opinion d'un adolescent. »

Bertrand Vac

◆◆◆

« La cinquantaine, c'est l'adolescence
qui revient de l'autre côté de la vie
adulte. »

Nuala O'Faolain

« Je suis très fidèle. Même quand je sors avec ma mère, je ne regarde jamais les autres mamans. »

Garry Shandling

◆◆◆

« Tout le monde veut sauver la planète, mais personne ne veut aider maman à faire la vaisselle. »

P.J. O'Rourke

◆◆◆

« Babylone était le fruit de l'union de deux villes : Mamalone et Papalone. »

Pierre Légaré

« Dans “je l’aimais”, il y a “mais”. »

Maurice Donnay

◆◆◆

« L’adulte ne croit pas au Père Noël. Il vote. »

Pierre Desproges

◆◆◆

« On devient grand le jour où on commence à battre papa au golf. On devient adulte le jour où on le laisse gagner. »

Jack Brown

« J'ai hérité à la fois du talent de ma mère pour dépenser de l'argent et du don de mon père pour ne pas en gagner. »

Francis Bacon

◆◆◆

« L'argent ne m'intéresse absolument pas. J'aime les hommes sensibles. Je cherche un homme qui pleure quand je le frappe. »

Wendy Liebman

◆◆◆

« Ma mère disait que l'honnêteté est toujours récompensée et que l'argent ne fait pas le bonheur. Sur ce dernier point aussi, elle avait tort. »

Gerald Barzan

« Démission des parents : action consistant à donner beaucoup d'argent de poche et peu de gifles. »

Jean Dutourd

◆◆◆

« Ne vous mariez pas pour l'argent, vous pouvez emprunter à meilleur marché. »

J. Kelly

◆◆◆

« Les femmes qui nous aiment pour notre argent sont bien agréables : on sait au moins ce qu'il faut faire pour les garder. »

Francis Blanche

« Enfant, je n'avais pas d'amis,
et à la balançoire, je courrais sans arrêt
d'un bout à l'autre. »

Rodney Dangerfield

◆◆◆

« Ma mère me haïssait. Un jour
elle m'a emmenée dans un orphelinat
et m'a dit de me faire de nouveaux
amis. »

Phyllis Diller

◆◆◆

« Ma mère disait toujours qu'il n'y a pas
d'étrangers, seulement des amis qu'on n'a pas
encore rencontrés. Elle vit à présent dans
une communauté ultra-sécurisée en Australie. »

Dame Edna Everage (Barry Humphries)

« "PAPA"
EST UN PETIT MOT
D'AMITIÉ
QUE LES ENFANTS
DONNENT
AU MARI DE
LEUR MÈRE. »

CURNONSKY

« Mes parents sont restés ensemble pendant plus de quarante ans, mais c'était par pure rancune. »

Woody Allen

◆◆◆

« Je viens d'une très riche famille divorcée. Ma mère est très riche, et mon père est divorcé. »

Pauly Shore

◆◆◆

« Ma femme et moi, on se demandait ce qui était mieux pour nous, une semaine de vacances aux Maldives ou un divorce. Mais on s'est vite aperçu qu'un voyage aux Maldives ne dure qu'une semaine, alors qu'un divorce, c'est pour la vie. »

Woody Allen

« Je ne suis pas contrariée par mon mariage. Je suis simplement contrariée de ne pas être veuve. »

Roseanne Barr

◆◆◆

« Ci-gît Alfred S... Après son veuvage, il vécut vingt ans auprès de sa belle-mère et il est mort avec le ferme espoir de connaître un monde meilleur. »

Épitaphe anonyme

◆◆◆

« Il vaut mieux être cocu que veuf : il y a moins de formalités ! »

Alphonse Allais

« Quand mon fiancé m'a demandé
de l'épouser, c'était un moment
très romantique. Il a éteint
la télévision. Ou plutôt, il a coupé
le son. Pendant les publicités. »

Wendy Liebman

◆◆◆

« Certaines fiançailles se terminent
bien, mais dans la plupart des cas,
les deux parties se marient. »

Sally Poplin

« Mon frère est homosexuel,
mais mes parents s'en fichent
du moment qu'il épouse un médecin. »

Elayne Boosler

◆◆◆

« Les hommes épousent les femmes dans l'espoir
qu'elles ne changeront pas. Les femmes épousent
les hommes dans l'espoir qu'ils changeront.
Dans les deux cas, on est déçu. »

Albert Einstein

◆◆◆

« Derrière chaque homme qui a réussi,
il y a une femme. Et derrière
cette femme, il y a son épouse. »

Fray Weldon

« Comment peut-on empêcher sa belle-mère de chanter quand on a oublié sa mitraillette ? »

Groucho Marx

« Une belle-mère, c'est une dame qui donne sa ravissante fille en mariage à un monstre horrible et dépravé pour qu'ils fassent, ensemble, les plus beaux enfants du monde. »

Alfonse Karr

« J'adore ma belle-mère. Je l'aime tellement
que je l'emmène partout avec moi.
Mais elle retrouve toujours la maison... »

Pierre Doris

◆◆◆

*« Il n'y a pas de bonheur parfait,
comme disait l'homme à qui l'on
présentait la note d'enterrement
de sa belle-mère. »*

Robert McFly

« Vous avez déjà suivi une thérapie ? Non ? Vous devriez essayer. C'est un jeu très facile où la réponse à toutes les questions est toujours la même : "C'est à cause de ma mère." »

Robin Greenspan

◆◆◆

« Un papa diplomate est un père qui est capable de vous faire changer d'avis sans que vous vous en aperceviez. »

Jean Gastaldi

◆◆◆

« Un père spirituel n'est pas forcément un papa rigolo. »

Philippe Geluck

« La mère tient plus à ses petits que le père.
Elle sait qu'ils sont d'elle, le père le présume. »

Euripide

◆◆◆

« Le temps qu'un homme comprenne
que son père avait sans doute raison,
il a généralement un fils qui pense
qu'il a tort. »

Charles Wadsworth

◆◆◆

« On n'est pas forcément le père de quelqu'un
mais on n'est jamais le fils de personne. »

Georges Wolinski

« J'ai décidé de rompre mes fiançailles
avec M... Nous nous sommes disputés,
et elle a remis sur le tapis la question
des enfants, mais j'ai réussi à la convaincre
qu'ils seraient trop jeunes lorsque
nous en aurions. »

Woody Allen

◆◆◆

« Il faut bien que jeunesse se passe, et supporte
patiemment que celles des autres se passe de nous. »

Marcel Pagnol

« Si l'on veut retrouver sa jeunesse, il suffit d'en répéter les erreurs. »

Oscar Wilde

◆◆◆

« La jeunesse est plus apte à inventer qu'à juger, à exécuter qu'à conseiller, à lancer des projets nouveaux qu'à poursuivre des anciens. »

Francis Bacon

« La Toussaint : c'est la fête
de tous les saints, et surtout de saint Fleuriste.
Le lendemain, le 2 novembre, jour
des trépassés, les catholiques vénèrent
leur belle-mère en allant chez leurs morts. »

Pierre Desproges

◆◆◆

« Les morts ont de la chance : ils ne voient
leur famille qu'une fois par an, à la Toussaint. »

Pierre Doris

« – J'ai perdu ma mère
ce matin.
– Elle est morte ?
– Non, non, je l'ai
perdue. C'est-à-dire
qu'elle était là
et pouf…
je l'ai perdue ! »

Alain Chabat (La cité de la peur)

« Les amis : une famille dont on a choisi les membres. »

Alphonse Karr

◆◆◆

« Un grand homme n'a pas de famille ; il n'a que des héritiers. »

Pierre Belfond

◆◆◆

« C'était un bon père de famille. Partout où il allait, il en créait une nouvelle. »

Liam O'Reilly

« Ma famille est tellement dysfonctionnelle que lorsque je regarde dans le dictionnaire au mot "dysfonctionnelle", il y a une photo de ma mère. »

Paula Hawkins

◆◆◆

« Dans toute mère de famille, il y a une belle-mère qui sommeille. »

Francis de Croisset

◆◆◆

« Il est parfois difficile de savoir qui, dans une famille, commande : le mari, la femme, la belle-mère ou la cuisinière ? Mais le chien de la maison, lui, ne se trompe jamais. »

Marcel Pagnol

« Une maman, c'est celle qui gronde
mais qui pardonne tout. »

Jean Gastaldi

◆◆◆

« Si une fille aime rarement l'amant
de sa mère, une mère a toujours
un faible pour l'amant de sa fille. »

Honoré de Balzac

◆◆◆

« Lorsque j'ai été kidnappé, ma mère a réagi tout
de suite : elle a sous-loué ma chambre. »

Woody Allen

« Mon mari m'a tellement trompée que je ne suis même pas sûre d'être la mère de mes propres enfants. »

Duchesse de Lauraguais

◆◆◆

« Les fils croient à la vertu de leur mère ; les filles aussi, mais moins. »

Anatole France

◆◆◆

« Pendant trente ans, ma mère ne nous a servi que des restes. Le problème, c'est qu'on n'a jamais trouvé le plat d'origine. »

Calvin Trillin

« Il vaut mieux que les enfants rougissent des parents que les parents des enfants. »

Raymond Queneau

◆◆◆

« Si tu ramasses un enfant sur la plage et que tu l'approches de ton oreille assez longtemps, tu finis par entendre la mère. »

Pierre Légaré

◆◆◆

« Enfant : fruit qu'on fit. »

Léo Campion

« Quand j'étais enfant, ma mère portait une bague très pratique qui indiquait son état du moment. Quand elle était de bonne humeur, la bague devenait bleue, et quand elle était en colère, la bague laissait une grosse marque rouge sur mon front. »

Jeff Shaw

◆◆◆

« J'ai tellement fréquenté les sites de rencontres sur Internet que les premiers mots de mon enfant seront certainement : "Vous avez un message". »

Paula Hawkins

« Le mariage c'est comme
le conflit israélo-palestinien.
Il n'y a aucune solution. »

Willy Russell

◆◆◆

« Le meilleur moyen pour obtenir
que votre mari fasse quelque chose,
c'est de lui dire qu'il est trop vieux
pour le faire. »

Felicity Parker

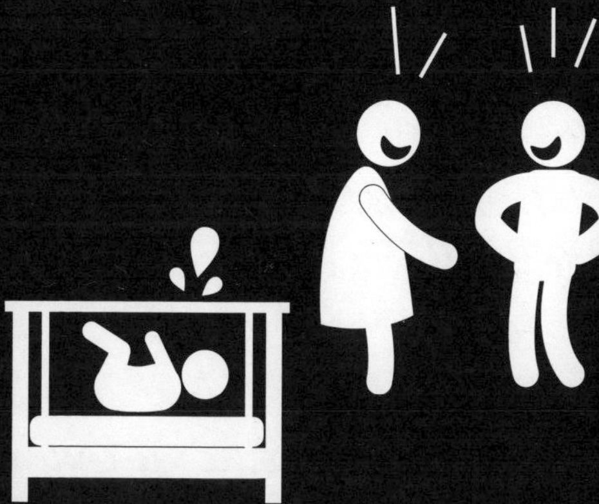

« Pour une mère de famille,
si ses enfants sont
toujours en vie quand son mari
rentre à la maison,
C'EST QUE SON BOULOT EST FAIT. »

Roseanne Barr

*« Une mère sait tout de ses enfants :
le jour où ils ont rendez-vous chez
le dentiste, la date du prochain match
de football, les histoires d'amour,
les meilleurs amis, leurs plats préférés,
leurs peurs secrètes, leurs rêves.
Le père est vaguement au courant
qu'il y a des êtres de petite taille
qui vivent dans sa maison. »*

Dave Barry

◆◆◆

*« Vivre sous le même toit
que ses enfants, c'est un peu comme
si vous aviez une piste de bowling
à la place du cerveau. »*

Martin Poll

« Mon père avait peur de sa mère, j'avais peur de mon père, et je compte bien tout faire pour que mes enfants aient peur de moi. »

George V

◆◆◆

« Mon père ne m'a jamais emmené au zoo. Il disait toujours que s'ils me voulaient, ils n'avaient qu'à venir me chercher. »

Rodney Dangerfield

◆◆◆

« Beaucoup de monstres sous le lit ont peur de s'endormir parce qu'ils croient qu'il y a un enfant au-dessus. »

Pierre Légaré

« Elle avait un nez superbe,
qu'elle tenait de son père,
chirurgien esthétique. »

Groucho Marx

◆◆◆

« Le défaut fondamental des pères
est de vouloir que leurs rejetons
leur fassent honneur. »

Bertrand Russell

◆◆◆

« Il était Normand par sa mère
et Breton par un ami de son père. »

Alphonse Allais

« Les garçons quand c'est malade, ça croit que ça va mourir ! »

Florence Foresti

« Quand t'es la sœur d'un mec de cité,
la seule manière de t'en sortir,
c'est de devenir son frère. »

Jamel Debbouze

◆◆◆

« Le jour où j'aurai un enfant,
j'achèterai une poussette pour jumeaux
et quand il sera plus grand, je lui
dirai que son frère n'écoutait pas
ce que je lui disais. »

Steven Wright

◆◆◆

« Deux demi-frères, ça ne donne
pas un frère. »

Pierre Légaré

« Si vous voulez savoir l'âge réel d'une femme, demandez-le à sa belle-sœur. »

Edgar Watson Howe

◆◆◆

« Mieux vaut avoir de nombreux enfants. Ils se répartissent la sottise de leurs parents. Le fils unique la garde toute pour lui. »

André Prévot

◆◆◆

« Age ingrat : celui où l'enfant commence à montrer les sentiments des grandes personnes. »

Gérard de Rohan-Chabot

« Avoir des petits-enfants ne signifie pas forcément qu'on est vieux. Mais ça veut dire qu'on est marié à une grand-mère. »

G. Norman Collie

◆◆◆

« Les enfants martyrs sont ceux qu'on embrasse trop. Les grand-mères sont particulièrement recherchées pour cette tâche de tortionnaire. »

Henry de Montherlant

◆◆◆

« Si les grands-parents et les petits-enfants s'entendent si bien… c'est parce qu'ils ont un ennemi en commun : la mère ! »

Claudette Colbert

« Une mère devient une véritable grand-mère le jour où elle ne remarque plus les erreurs de ses enfants, étant émerveillée par ses petits-enfants. »

Lois Wyse

◆◆◆

« Être grand-père ? C'est ce qui arrive quand on est vieux. »

Robert Redford

◆◆◆

« Je tiens beaucoup à ma montre, c'est mon grand-père qui me l'a vendue sur son lit de mort. »

Woody Allen

« Dans un couple, l'un au moins doit être fidèle, de préférence l'autre. »

Marcel Achard

◆◆◆

« Le quotidien, ça use le couple, mais les gens seuls aussi ! »

Michèle Bernier

◆◆◆

« Dieu a bien fait les choses, car dans un couple, à mesure que les rides apparaissent, la vue baisse. »

Anonyme

« Un couple, c'est fait de trahisons multiples. Mais un homme ou une femme seuls aussi. »

Jacques Dutronc

◆◆◆

« Chaque fois que je fais la connaissance d'un couple, je me demande pourquoi ils vivent ensemble. »

Sacha Guitry

◆◆◆

« Dans un couple il n'y a qu'une chose pire que le mensonge, c'est la franchise. »

Michel Berthet

« Quand au moment de la séparation entre deux individus, personne ne ressent de regret, la séparation est arrivée trop tard. »

Ahmadou Kourouma

◆◆◆

« Si le sommeil ne séparait pas les couples, il y aurait deux fois plus de divorces. »

Philippe Bouvard

◆◆◆

« Nous faisons chambre à part, nous allons dîner chacun de notre côté, nous prenons nos vacances séparément ; nous faisons tout ce que nous pouvons pour sauvegarder notre mariage. »

Rodney Dangerfield

« Le dicton "Une de perdue,
dix de retrouvées",
c'est des conneries !
Tu as déjà vu dix nanas
qui t'attendent en bas
de chez toi ?! et tu leur dis :
"vous êtes qui ?"...

"*bah les filles du dicton !*" »

Gad Elmaleh

« Quand vous élevez un enfant, vous êtes censée vous souvenir de son prénom et de son âge à n'importe quelle heure du jour et de la nuit. »

Erma Bombeck

◆◆◆

« Une mère ne voit pas que son fils vieillit, surtout si lui-même refuse de grandir. »

Frédéric Beigbeder

◆◆◆

« C'est facile de voir si vos enfants ont grandi : les traces de morsures sont plus profondes. »

Phyllis Diller

« Donnez toujours à vos enfants un nom
qui se termine par une voyelle, comme ça quand
vous les engueulez, ça résonne plus longtemps. »

Bill Cosby

◆◆◆

« Pourquoi les parents emmènent
toujours leurs enfants au supermarché
si c'est pour les engueuler ? »

Jack Dree

◆◆◆

« Un jour j'ai été kidnappé et mes ravisseurs
ont réclamé une rançon en envoyant à mon père
un de mes doigts, mais il leur a répondu
qu'il fallait plus de preuves. »

Rodney Dangerfield

« À EN JUGER
PAR LES COUVERTURES
DES MAGAZINES FÉMININS,
LES DEUX SUJETS
QUI INTÉRESSENT LE PLUS
LES FEMMES SONT :

1. POURQUOI LES HOMMES SONT
TOUS DES GROS DÉGUEULASSES ?

2. COMMENT LES SÉDUIRE ? »

DAVE BARRY

« Je pense… donc je suis célibataire. »

Liz Winston

◆◆◆

« L'intuition féminine, c'est cet étrange instinct qui dit aux femmes qu'elles ont raison, que ce soit vrai ou non. »

Oscar Wilde

◆◆◆

« Les hommes sont comme les femmes, il leur arrive aussi de pleurer, mais seulement lorsqu'ils essayent de monter un meuble en kit. »

Rita Rudner

« C'est très dur de perdre sa belle-mère.
En fait, c'est pratiquement impossible. »
W.C. Fields

◆◆◆

« J'ai dit à ma belle-mère :
"Faites comme chez vous !" Elle m'a répondu :
"dans ce cas, sortez de chez moi !" »
Joan Rivers

◆◆◆

« La belle-mère apparaît et on se comporte
comme le meurtrier d'un roman de Ray
Bradbury qui essuie ses empreintes de la pomme
tombée de la coupe de fruits. »
Katharine Whitehorn

« Vous avez lu l'article sur cette femme
qui a poignardé 37 fois son mari ?
J'admire sa retenue. »

Roseanne Barr

◆◆◆

« Se marier, c'est un peu comme plonger
dans un bain bouillant. Au bout d'un moment
on s'y habitue. »

Minnie Pearl

◆◆◆

« Un mariage n'est rien d'autre
qu'un enterrement où on peut sentir
ses propres fleurs. »

Eddie Cantor

« Il n'y a rien de tel pour vous donner du génie que d'avoir un oncle cinglé ou une grand-mère sinoque. »

Raymond Queneau

◆◆◆

« Quand mon heure sera venue, je veux mourir dans le calme et la dignité, comme mon père, et surtout pas en criant et en hurlant comme ses passagers. »

Étienne Rey

◆◆◆

« Trois ans d'analyse : soixante-dix mille francs. Tout ça pour apprendre que ta mère couche avec ton père, et qu'en plus, elle aime ça ! »

Patrick Timsit

« La seule femme que j'aie jamais aimée m'a quitté et s'est finalement mariée : c'est ma mère. »

Emo Philips

◆◆◆

« La première fois que mon mari
m'a demandé un verre d'eau
et une aspirine, j'ai appelé ma mère
pour lui demander la recette. »

Gracie Allen

« Quand j'étais petit, mon père m'enfermait cinq minutes dans un placard en me disant de ne pas bouger. Il me disait que c'était pour m'entraîner à prendre l'ascenseur tout seul. »

Steven Wright

◆◆◆

« Quand j'étais bébé, mon père avait l'habitude de me jeter en l'air et d'aller répondre au téléphone. »

Rita Rudner

« Quand un homme fait un cadeau sans raison à sa femme, il y a forcèment une raison. »

Molly McGee

« Les femmes se divisent en deux catégories : les laides et les maquillées, les mères étant à part. »

Oscar Wilde

◆◆◆

« Un fils ne voit pas sa mère avec les yeux de tout le monde, il est même souvent le seul à voir sa beauté. »

Friedrich Dürrenmatt

« Toutes les femmes finissent par ressembler à leur mère, et c'est là leur drame. Il n'en va pas de même pour les hommes, et c'est là leur drame. »

Oscar Wilde

◆◆◆

« Si ta belle-mère est laide, que ton grand-père est petit et que ton cousin germain ne s'appelle pas Germain, ça aide à comprendre pourquoi il y a des enfants qui apprennent tard à parler. »

Pierre Légaré

« Mes enfants ne me l'ont jamais pardonné. Après tout, Œdipe n'a fait que tuer son père et épouser sa mère. Mais moi, j'ai revendu leur console de jeux. »

John Arnold

◆◆◆

« Si l'on supprimait l'œdipe et le mariage, que nous resterait-il à raconter ? »

Roland Barthes

« La dépression post-partum, le baby blues, le mot est faible ! Tu as envie de te pendre avec le cordon ombilical... c'est pour ça qu'il le coupe très vite. »

Florence Foresti

◆◆◆

« Je suis contre toute forme de punition physique. La torture mentale est bien plus efficace. »

Lily Savage

◆◆◆

« Une mère doit toujours réfléchir deux fois, une fois pour elle-même, une fois pour son enfant. »

Sophia Loren

« Beaucoup de gens se demandent
s'ils sont vraiment amoureux. Pour moi,
il suffit simplement de se poser cette question :
"Est-ce que je suis prêt à être ruiné
par cette personne ?" »

Ronnie Shakes

◆◆◆

« Je serai toujours fidèle à ma femme
pour la simple et bonne raison que j'aime
trop ma maison. »

Bob Monkhouse

◆◆◆

« Mon ex-femme a eu la maison, la voiture,
le compte en banque, et si je me marie
à nouveau et que j'ai des enfants, c'est elle
qui en aura la garde. »

Woody Allen

« SI VOTRE MARI
A DES PROBLÈMES
POUR S'ENDORMIR,
DITES-LUI SIMPLEMENT :
"**IL FAUT QU'ON PARLE**",
VOUS VERREZ,
ÇA MARCHE À TOUS
LES COUPS. »

RITA RUDNER

« Je n'étais pas allée chez elle depuis la mort de son pauvre mari. Je n'ai jamais vu une femme aussi changée : elle paraît vingt ans de moins. »

Oscar Wilde

◆◆◆

« Il n'y a aucun mal à ce qu'une femme réponde à toutes les avances des hommes, tant que c'est en cash. »

Zsa Zsa Gabor

« Peu importe que vous soyez belle
ou non, épousez un homme
qui a le même âge que vous.
Quand votre beauté déclinera,
sa vue fera de même. »

Phyllis Diller

◆◆◆

*« Je l'ai épousé pour le meilleur
et pour le pire, pas pour qu'on déjeune
ensemble. »*

Hazel Weiss

« Quand j'étais petit, mes parents déménageaient sans cesse, mais heureusement, je suis toujours arrivé à retrouver leur trace. »

Rodney Dangerfield

◆◆◆

« Mon premier jour d'école, mes parents se sont trompés d'endroit. Il n'y avait pas un chat. Et beaucoup d'arbres. »

Brian Kiley

◆◆◆

« Je me suis mariée et nous avons eu un enfant neuf mois et dix secondes plus tard. »

Jayne Mansfield

« Chaque fois que je m'apprête
à coucher avec un homme,
je vois le nom de mon père
sur son caleçon. »

Marci Klein (fille de Calvin Klein)

◆◆◆

« Un sondage montre que pour
84 % des femmes mariées, le meilleur
moment pour avoir une relation
sexuelle serait juste après que leur
mari ait fini. »

Jay Leno

« Le seul problème qu'on a nous,
les hommes, c'est que quand on fait
un truc, on a besoin
de reconnaissance....

Quand on se lève à 4 heures
du matin pour faire un biberon,
on aimerait presque qu'il y ait
un orchestre avec les choristes,
tu sais, dans la cuisine, qui fassent :

– **T'es un mec génial !**
– Tu fais un biberon ? En plus,
tu met du lait en poudre ?!
– **Yeah, yeah !!!** »

Gad Elmaleh

« La supériorité de l'allaitement au sein
sur le biberon réside essentiellement dans le fait
que son emballage est plus agréable à l'œil. »

Marcel Etienne Grancher

◆◆◆

« Mammifères. Famille d'animaux vertébrés
dont les femelles allaitent naturellement les petits,
mais dont la version instruite et civilisée utilise
une nourrice ou un biberon. »

Ambrose Bierce

« Le printemps est la saison où les garçons commencent à comprendre ce que les filles ont su tout l'hiver. »

O. Henry

◆◆◆

« L'adolescence est une période où un jeune garçon se refuse à croire qu'un jour il sera aussi idiot que son père. »

Anonyme

◆◆◆

« On reconnaît qu'un garçon devient adulte quand, plutôt que de sortir avec des filles, il préfère s'enfermer avec elles ! »

Anonyme

« Ma vie de garçon a la vie
dure – et c'est en vain que depuis
quarante ans je l'enterre. »

Sacha Guitry

◆◆◆

« Le repas d'enterrement de la vie de
garçon a un triple but : boire plus que
la raison, permettre aux amis mariés
du futur époux d'échapper
à leur femme pour une soirée et passer
quelques heures à jouir du malheur
imminent du pauvre bougre. »

Groucho Marx

« Les garçons comme moi, qui se sont trouvés moches dans leur enfance, sont en général tellement étonnés d'arriver à séduire une jolie fille qu'ils la demande en mariage un peu vite. »

Frédéric Beigbeder

◆◆◆

« Le mariage est la cause principale de divorce. »

Oscar Wilde

« Le mariage est une condamnation
de drap commun. »

Alexandre Breffort

◆◆◆

« Je suis pour le mariage,
mais surtout au cinéma ! »

George Clooney

◆◆◆

« Avant le mariage, une femme doit faire
l'amour à un homme pour le retenir.
Après le mariage, elle doit le retenir
pour lui faire l'amour. »

Marilyn Monroe

« Le phare illumine les mers.
Le fard enlumine les filles. »

Alphonse Allais

◆◆◆

« Quand les filles ont les yeux cernés,
c'est que la place est prise. »

Willy

◆◆◆

« Les filles se souviennent du jour
de leur naissance et en oublient l'année. »

Proverbe yiddish

« Dès qu'elles ont l'âge de raison, les filles déraisonnent en rêvant d'amour. »

Marcelle Auclair

◆◆◆

« L'avantage de draguer des filles différentes, c'est qu'on peut leur dire toujours la même chose. »

Frédéric Beigbeder

◆◆◆

« Les filles, c'est comme les échappées en cyclisme, faut en tenter plusieurs pour en réussir une. »

Daniel Picouly

« Ça sert à rien les garçons, ça sert à rien, ça fait rien de la journée, ça fait que jouer à la Play Station toute la journée. N'importe quel âge 8 ans, 15 ans, 50 ans, Play Station toute la journée. »

Florence Foresti

◆◆◆

« PARFOIS, MA VIE RESSEMBLE À UN JEU VIDÉO. »

Leonardo Di Caprio

« On est jamais mieux servi
que par sa mère. »

Théodore Spengler

◆◆◆

« Ne perdez pas votre temps à parler
sexualité avec vos enfants. Ils ne vous
apprendront rien. »

Fran Lebowitz

◆◆◆

« Pas de mer qui ne soit salée,
ni de belle-mère qui soit douce. »

Jacques Sidvé

« Les femmes souhaitent avant tout être aimées, qu'on les écoute, qu'on les désire, qu'on les respecte, et parfois qu'on les prenne dans nos bras. Les hommes veulent simplement avoir des billets pour la finale de la Coupe du Monde. »

Dave Barry

◆◆◆

« La plupart des femmes sont attirées par des choses très simples. Les hommes par exemple. »

Henny Youngman

« Quand je n'ai pas de petite copine, je me rase une jambe, comme ça quand je dors, j'ai l'impression d'être avec une femme. »

Garry Shandling

•••

« J'ai lu plein de livres sur les différences entre les hommes et les femmes : les guides pratiques, les manuels, etc. Eh bien la seule différence, c'est que ce sont les femmes qui achètent ces livres. »

Daryl Hague

« Le célibat ? On s'ennuie.
Le mariage ? On a des ennuis. »

Sacha Guitry

◆◆◆

« Amitié : mariage de deux êtres qui ne peuvent pas coucher ensemble. »

Jules Renard

◆◆◆

« Un second mariage est le triomphe de l'espérance sur l'expérience. »

Samuel Johnson

« Le mariage est comme le dictionnaire : un mot en amène toujours un autre. »

Anonyme

◆◆◆

« Si vous m'entendez un jour parler projets de mariage, giflez-moi ! »

Elizabeth Taylor

◆◆◆

« Le bonheur dans le mariage est uniquement une question de chance. »

Jane Austen

« Il y a peu de veufs qui survivent très longtemps à leur veuvage : le mariage les a épuisés d'avance. »

Yvan Audouard

◆◆◆

« La veuve est l'avenir de l'homme. »

Alain Schifres

◆◆◆

« Qu'est-ce qu'une célibataire sinon une veuve qui a perdu son mari avant même de l'avoir épousé ? »

Philippe Bouvard

« Les femmes vivent plus longtemps que les hommes, surtout quand elles sont veuves. »

Georges Clemenceau

« Il y aurait moins de veuves si les hommes épousaient des femmes de leur âge. »

Philippe Bouvard

« CE QUI CONSOLE DE LA MORT DES AMIS, C'EST QU'ILS LAISSENT DES VEUVES. »

Frédéric Dard

« Les hommes jaloux agacent
les femmes, mais les hommes qui
ne sont pas jaloux les exaspèrent. »

Alfred Capus

◆◆◆

« Les Français sont jaloux
de leurs maîtresses, et jamais
de leurs femmes. »

Giacomo Casanova

« Moi j'suis jaaaaaaloux !

La possessivité ! Des fois, elle sort de la douche je lui dis :

"T'étais où ?!" »

Gad Elmaleh

« Comme tous ceux à qui il est arrivé de rentrer pieds nus le soir dans une chambre d'enfants, je déteste les Lego. »

Yakov Smirnoff

◆◆◆

« Un jour mon père m'a pris à part...
et m'y a laissé. »

Jack Vernon

◆◆◆

« Il faut un sceau de sécurité sur les pots de nourriture pour bébés, sans quoi des bébés pourraient en manger. »

Pierre Légaré

« Mon père a été licencié. Il travaillait
dans cette entreprise depuis douze ans.
Il a été remplacé par un gadget qui fait
exactement la même chose, mais en beaucoup mieux
et en moins de temps. Le plus déprimant dans
tout ça, c'est que ma mère en a acheté un. »

Woody Allen

◆◆◆

« N'importe quel enfant est
en droit d'exiger que son père
soit présent à sa conception. »

Joe Orton

« Je n'ai pas parlé à ma belle-mère depuis dix mois. Je n'aime pas l'interrompre. »

Ken Dodd

◆◆◆

« Avoir sa belle-mère en province quand on habite Paris, et vice-versa, est une de ces bonnes fortunes qui se rencontrent toujours trop rarement. »

Honoré de Balzac

◆◆◆

« Pour déjeuner à Noël, on a eu ma belle-mère. Personnellement, je préfère le poulet. »

Mike Routch

« Le mariage ce n'est pas la mer à boire,
c'est la belle-mère à avaler ! »

George Burns

◆◆◆

« Je n'oublie jamais un visage,
mais pour ma belle-mère je veux bien
faire une exception. »

Groucho Marx

◆◆◆

« Adam était l'homme le plus heureux
au monde. Il n'avait pas de belle-mère. »

Mark Twain

« Les adolescents attendent de leurs parents qu'ils démissionnent, les parents de leurs adolescents qu'ils s'engagent. »

Anonyme

◆◆◆

« L'adolescence ne laisse un bon souvenir qu'aux adultes ayant mauvaise mémoire. »

François Truffaut

◆◆◆

« La maladie de l'adolescence est de ne pas savoir ce que l'on veut et de le vouloir cependant à tout prix. »

Philippe Sollers

« Une baby-sitter est une adolescente
qui se prend pour une adulte
pendant que les adultes sont sortis
et se prennent pour des ados. »

Jo Brand

◆◆◆

« Si les gens ne veulent plus d'enfants,
c'est qu'ils ne veulent plus d'adolescents. »

Pierre Bourgault

◆◆◆

« Les drogues ont au moins appris
à plusieurs générations d'adolescents
américains le système métrique. »

P.J. O'Rourke

« Comme il serait agréable que les enfants
viennent au monde pourvus d'un bouton
qu'il suffirait de tourner pour diminuer
le volume du son ! »

Robert McFly

◆◆◆

« Mon fils s'est lancé
dans la méditation.
C'est déjà mieux que de rester bêtement
assis à ne rien faire. »

Max Hoffmann

◆◆◆

« L'adolescence est un âge béni : on
n'imaginerait jamais devenir aussi con
que ses parents. »

Robert McFly

« Tout le monde sait comment élever des enfants, sauf ceux qui en ont. »

P.J. O'Rourke

•••

« Les idées, c'est comme les gosses, il ne suffit pas de les avoir, il faut les élever. »

Daniel Picouly

« Être père, c'est prétendre
que le cadeau qu'on préfère,
c'est un cendrier en terre cuite. »

Bill Cosby

◆◆◆

« La première moitié
de notre vie est gâchée
par nos parents,
la seconde
par nos enfants. »

Clarence Darrow

« La fête des mères est l'occasion unique pour des milliers d'enfants de se venger avec un cadeau immonde... collier en nouilles, boîte à bijoux en boîte de camembert, cendrier en pot de yaourt recouvert de feutrine verte, etc. »

Olivier de Kersauson

◆◆◆

« Être mère, c'est persuader son enfant qu'un collier de nouilles est le plus beau cadeau qu'on ai jamais reçu. »

Héloïse Prufol

« L'adolescence à l'âge adulte,
ça s'appelle une dépression. »

Frédéric Dard

◆◆◆

« L'adolescent est le contraire d'un dépressif : il veut tout et ne peut pas grand-chose, quand le dépressif peut beaucoup et ne veut rien. »

Anonyme

◆◆◆

« Insulter fait partie du génie
de l'adolescence. »

Montherlant

« L'adolescence est l'âge où les enfants
commencent à répondre eux-mêmes
aux questions qu'ils posent. »

George Bernard Shaw

◆◆◆

« Un bon truc pour savoir si vos enfants
ont grandi, c'est quand ils commencent
à vous poser des questions pour lesquelles il existe
de vraies réponses. »

John Plomp

◆◆◆

« Si on pouvait recouvrer l'intransigeance
de la jeunesse, ce dont on s'indignerait le plus
est ce qu'on est devenu. »

André Gide

« Mes beaux-parents sont venus nous voir quelques jours. Je viens juste de les déposer à l'aéroport. Leur avion part après-demain. »

Margaret Smith

◆◆◆

« La dernière fois que j'ai vu ma belle-mère, elle grimpait à l'Empire State Building en tenant King Kong dans la gueule. »

John Arnold

◆◆◆

« Belle femme cherche bel homme pour lui donner belle-mère. »

Pierre Dac

« On ose me demander à moi qui ai un chien, un chat, une tortue, deux enfants, une femme et plusieurs belles-mères si j'aime les animaux. »

Yvan Audouard

◆◆◆

« Si vous avez à choisir entre demeurer avec votre belle-mère ou vous brûler la cervelle : n'hésitez pas, brûlez-la-lui ! »

Victorien Sardou

◆◆◆

« Les belles-mères ne se souviennent jamais qu'elles ont été des belles-filles. »

Glenn Putmann

« J'ai deux merveilleux enfants. Et quand on y réfléchit, deux sur cinq, c'est pas si mal. »

Henny Youngman

◆◆◆

« J'ai rencontré ma femme dans un bar. C'est assez surprenant. Je croyais qu'elle était à la maison en train de surveiller les gamins. »

Ron Dentinger

◆◆◆

« Le problème avec les femmes c'est qu'elles ne relèvent jamais la lunette des toilettes. »

Simon Nye

« Les hommes sont mauvais joueurs. L'autre jour, après avoir battu mon mari au tennis, je lui ai demandé : "Quand est-ce qu'on refait l'amour ?", et il m'a répondu : "Quand tu veux, mais pas ensemble." »

Rita Rudner

« On ne connaît pas vraiment une femme tant qu'on n'a pas été confronté à elle devant un juge. »

Woody Allen

◆◆◆

« Chaque fois que j'essaye de pimenter mon mariage, ma femme me surprend. »

Bob Monkhouse

◆◆◆

« Il faut être deux pour qu'un mariage soit réussi, mais une seule personne peut suffire à le ruiner. »

Herbert Samuel

« Vous me ferez mourir de chagrin !
dit une belle-mère à son gendre.
Tant mieux. Comme ça, on ne retrouvera
pas l'arme du crime ! »

Michel Audiard

◆◆◆

« "Ah l'éternel féminin !"
comme disait le monsieur dont la belle-mère
n'en finissait pas de mourir. »

Alphonse Allais

◆◆◆

« C'est ma belle-mère qui a détruit notre
mariage : ma femme est rentrée un jour
du travail et nous a trouvés sa mère et moi
au lit. »

Geoffrey Wrangham

« Quand j'ai dit à mon père que j'avais
eu une mauvaise note parce que je ne savais pas
où se trouvaient les Açores, il m'a conseillé
de ranger plus soigneusement mes affaires. »

Henny Youngman

◆◆◆

*« Tout le monde a connu au moins
un oncle qui a essayé de lui voler
son nez. »*

Peter Kay

◆◆◆

« On devrait inventer une pilule contraceptive
pour les hommes. C'est quand même plus
logique de retirer les munitions du revolver
que de porter un gilet pare-balles. »

Greg Travis

« Quand j'ai demandé sa main à sa mère, elle m'a répondu : vous prenez tout ou vous ne prenez rien ! »

Paul Frazer

◆◆◆

« Tout jeune homme souhaitant être heureux en ménage doit commencer par se choisir une aimable belle-mère dont il épousera ensuite une des filles, peu importe laquelle. »

Thomas Métaillé

« Si j'avais dit à mon père, sévère ingénieur, que je voulais écrire, il m'aurait demandé : à qui ? »

Maurice Donnay

◆◆◆

« Je commence à comprendre ces animaux dont la femelle cache l'enfant pour que le mâle ne le dévore pas. »

W.C. Fields

« À Honolulu, il y a tout ce qu'il faut : du sable pour les enfants, du soleil pour les épouses, des requins pour les belles-mères. »

Ken Dodd

◆◆◆

« La conscience est une belle-mère qui ne sort jamais de chez vous. »

Henri Louis Mencken

« C'est à ma mère que je dois ma vie sexuelle
misérable. Elle m'avait dit l'homme dessus
et la femme dessous, et pendant trois ans mon mari
et moi on a dormi dans des lits superposés. »

Joan Rivers

◆◆◆

« Si l'on en croit les sondages, les hommes
disent que la première chose qui les attire
chez une femme, c'est son regard. Les femmes,
elles, disent que la première chose qu'elles
remarquent chez eux, c'est que ce sont tous
des hypocrites. »

Jay Leno

« Être fidèle quand on n'a pas de propositions, c'est comme être honnête quand on ne fait pas de politique, on n'a aucun mérite. »

Anne Roumanoff

◆◆◆

« On pleure souvent dans les mariages : c'est de l'émotion ou de l'anticipation ? »

Anne Roumanoff

◆◆◆

« La femme veut toujours changer l'homme. L'homme veut toujours changer de femme. »

Anne Roumanoff

« Mon mec c'est un bobo,
mais écolo, c'est un biobio. »

Caroline Vigneaux

◆◆◆

« Ils sont tout fiers, là, avec leurs
expressions d'adultes dégueulasses :
"Au fait, je te présente Vanessa,
ma moitié…" Ta moitié, tiens donc…
Et bah, j'me disais bien que t'étais
pas fini, toi. »

Nora Hamzawi

« J'AI FAIT COMME ON M'A DEMANDÉ : DEUX ENFANTS VIRGULE TROIS. J'EN AI EU TROIS, J'AI PAS TROUVÉ LA VIRGULE. »

COLUCHE

MÉTIERS

« ILS TE DONNENT LE JOUR DE LIVRAISON
MAIS JAMAIS L'HEURE, ILS TRAVAILLENT
SUR LE SUSPENSE…

– ON NE PEUT PAS VOUS DONNER L'HEURE
EXACTE EN REVANCHE NOUS POUVONS
VOUS DONNER UNE FOURCHETTE.

– EUH, JE CROIS QU'ON EN A DÉJÀ
ACHETÉ CHEZ VOUS !

– MAIS NON MONSIEUR, ENFIN,
UNE FOURCHETTE !

– C'EST-À-DIRE ?

– BEN ENTRE 8 H ET 18 H !

**– AH, ÇA, C'EST UN RÂTEAU
MADAME ! »**

Gad Elmaleh

« Je suis devenu acteur
car c'est moins dangereux
que de vendre de la drogue. »

Jamel Debbouze

◆◆◆

« Le cinéma, c'est comme un père, ça fait
rêver. Le théâtre, c'est comme une mère,
on y revient toujours... »

Valérie Lemercier

◆◆◆

« Il est plus facile de transformer
un acteur en cow-boy qu'un cow-boy
en acteur. »

John Ford

« On dit d'un accusé qu'il est cuit quand son avocat n'est pas cru. »

Pierre Dac

◆◆◆

« Les avocats s'intitulent fastueusement défenseurs de la veuve et de l'orphelin – mais il n'y aurait pas besoin d'avocats pour les défendre s'il n'y en avait pas d'abord pour les attaquer. »

Alphonse Karr

◆◆◆

« Je devais être fusillé ce matin à six heures. Mais comme j'avais un bon avocat, le peloton n'arrivera qu'à six heures trente. »

Woody Allen

« Van Gogh a fait de la peinture
parce qu'il n'avait pas l'oreille musicale. »

Nikki Harris

◆◆◆

« C'est très facile d'être un expert
en art contemporain. Si c'est accroché
à un mur, c'est une peinture,
et si on peut en faire le tour,
c'est une sculpture. »

Simon Updike

◆◆◆

« Un peintre a l'âge de ses tableaux ;
un poète a l'âge de ses poèmes ; un scénariste
a l'âge de ses films. Seuls les imbéciles
ont l'âge de leurs artères. »

Henri Jeanson

« Faire parler un homme
politique sur ses projets
et son programme,
c'est comme demander
à un garçon de restaurant
si le menu est bon. »

Jean Dutourd

◆◆◆

« Les hommes publics promettent la lune.
Les filles publiques la font payer comptant ! »

Bruno Masure

« Un écrivain est quelqu'un qui est payé par mot, par page, ou parfois. »

Robert Benchley

◆◆◆

« Le malheur des grands écrivains est d'inspirer toutes sortes de sottises à des nuées de commentateurs. »

Anatole France

◆◆◆

« Le Chateaubriand est un filet tellement exquis qu'il a donné son nom à un grand écrivain. »

Henri Rochefort

« Vous êtes écrivain, moi je suis facteur, on est tous les deux des hommes de lettres. »

Pierre Tchernia

◆◆◆

« Quand un écrivain publie un livre qui ne marche pas, ce n'est pas de lui qu'il doute, mais de l'avenir de la littérature. »

Yvan Audouard

◆◆◆

« Les journalistes sont des avocats qui écrivent. »

Alphonse Karr

« L'administration en France est très fertile ! On y plante des fonctionnaires, il y pousse des impôts. »

Coluche

◆◆◆

« Le poète souverainement dangereux est celui qui a de quoi vivre, qui est fonctionnaire retraité, et qui risque avant de mourir de nous faire mourir d'ennui. »

Alphonse Karr

◆◆◆

« Un fonctionnaire des finances est une bête de sommes. »

Frédéric Dard

« LES RISQUES DU MÉTIER :
SON MENTON A SOUDAINEMENT
QUITTÉ LA PAUME DE SA MAIN DROITE
POSÉE GRÂCE À UN COUDE
ET SA TÊTE EST VENUE FRAPPER
LOURDEMENT LE BUREAU.
UNE FOIS DE PLUS, UN FONCTIONNAIRE S'EST TUÉ AU TRAVAIL. »

Les Nuls

« IL EST BEAU LE PROGRÈS ! QUAND ON PENSE QUE LA POLICE N'EST MÊME PAS FICHUE DE L'ARRÊTER... »

PIERRE DAC

◆◆◆

« Le comptage des manifestants n'échappe à la polémique que le jour où c'est la police qui organise le défilé de ses propres mécontents. »

Philippe Bouvard

« Que fait la police ? Elle est très fière
d'annoncer qu'elle a réussi à attraper
l'un des leurs ! Bravo ! Les autres courent
toujours... et ils sont armés. »

Coluche

◆◆◆

« Je n'ai jamais eu de problèmes de drogue ;
j'ai eu des problèmes avec la police. »

Keith Richards

◆◆◆

« Heureusement qu'ils ne nous ont rien volé,
ça nous évitera des ennuis avec la police. »

Karl Kraus

« Les médecins sont tous des assassins. Pourquoi croyez-vous qu'ils portent des gants ? Pour des raisons sanitaires ? Non, pour les empreintes digitales. »

Jackie Mason

◆◆◆

« La médecine est une putain et son maquereau c'est le pharmacien ! »

Renaud

◆◆◆

« On ne rend pas visite à son médecin : on la lui paie. »

Yvan Audouard

« Dans un hôpital, le nombre de patients avec un stylo dans le cul est toujours égal au nombre de médecins avec un thermomètre sur l'oreille. »

Pierre Légaré

◆◆◆

« Alors qu'elle était allongée à côté de moi, une petite voix n'arrêtait pas de me dire : "Relaxe, tu n'es pas le premier médecin qui couche avec une de ses patientes", mais une autre voix me répétait : "Howard, tu es vétérinaire." »

Dick Wilson

« Si les banquiers savent vraiment compter, pourquoi mettre huit guichets et seulement quatre caissiers ? »

Les Dawson

◆◆◆

« Un banquier est un homme qui vous prête un parapluie quand il fait beau et vous le reprend quand il pleut. »

George Bernard Shaw

« À quoi sert l'argent s'il faut travailler pour en avoir ? »

George Bernard Shaw

◆◆◆

« Quand tu mets de l'argent de côté, c'est garanti : il tombe. »

Pierre Légaré

◆◆◆

« Le seul qui gagne de l'argent avec des chevaux, c'est celui qui les suit avec une pelle et un balai. »

Elbert Hubbard

« Les pilotes de ligne déposent
un préavis de travail. »

Les Nuls

◆◆◆

« Quand un pilote voit que son avion va
s'écraser en mer, il pourrait laisser
les commandes à un passager qui a déjà
fait du surf. »

Pierre Légaré

◆◆◆

« Un pilote qui affirme qu'il n'a jamais peur
en avion est un menteur. »

Louise Thaden

« ACTEUR ?
UN MÉTIER DE RINGARD
OÙ L'ON PASSE LE PLUS CLAIR
DE SON TEMPS À FAIRE
DE L'APRÈS-VENTE COMME
SI ON DEMANDAIT À UN PILOTE
DE RÉPARER SON AVION
EN CAS D'AVARIE. »

Coluche

« Les psychiatres, c'est très efficace. Moi, avant, je pissais au lit, j'avais honte. Je suis allé voir un psychiatre, je suis guéri. Maintenant, je pisse au lit, mais j'en suis fier. »

Coluche

◆◆◆

« Seuls les psychologues inventent des mots pour les choses qui n'existent pas ! »

Carl Gustav Jung

« Quand on dit : “Je vois quelqu'un” ça veut dire que je vais voir un psy ! “T'es avec quelqu'un ? Non je vois quelqu'un !”. Ou alors on dit : “J'me fais suivre ! Tu te fais pas suivre ?” Je peux te dire que le jour où j'ai l'impression de me faire suivre, je vais voir quelqu'un ! »

Gad Elmaleh

◆◆◆

« Le psychologue se nourrit exclusivement dans la conscience : moi, je ne veux qu'une inconscience impossible à acclimater. »

Francis Picabia

« La police est sur les dents,
celles des autres, évidemment. »

Boris Vian

◆◆◆

« L'amnésie, la cécité et la surdité sont
la règle quand il s'agit de parler
à la police. »

Frédéric Jézégou

◆◆◆

« La police va arriver dans les quartiers
à 17 heures et partir à 4 heures, parce que ce sont
les horaires des voyous. »

Nicolas Sarkozy

« Le policier tapait son rapport directement sur
un suspect. Il est inculpé pour faute de frappe. »

Les Nuls

◆◆◆

« Le comble de l'inattention consiste
à se perdre dans la foule et aller à la police
donner son signalement. »

Alphonse Allais

◆◆◆

« Dans la police, la mégalomanie
se développe comme la coqueluche
dans une cour d'école maternelle. »

Frédéric Dard

« Dieu et le diable représentent
un effort louable de spécialisation
dans la division du travail. »

Samuel Butler

◆◆◆

« Quand on ne travaillera plus le lendemain
des jours de repos, la fatigue sera vaincue. »

Alphonse Allais

◆◆◆

« Les gens qui travaillent assis sont
payés plus cher que ceux
qui travaillent debout. »

Ogden Nash

« La société est bien foutue.
Ils mettent des uniformes aux
connards pour qu'on puisse
les reconnaître. »

Albert Dupontel

« Un député français s'était endormi pendant un débat. Quand il s'est réveillé, il s'est aperçu qu'il avait été deux fois Premier ministre. »

Oswald Lewis

◆◆◆

« Le devoir du ministre de l'Éducation nationale serait d'imposer qu'à l'occasion de chaque rentrée des classes, les musées proposent de grandes expositions de tableaux noirs. »

Pierre Dac

« Grève des enseignants : 30 %
des profs absents selon le ministère,
60 % selon les syndicats,
100 % selon les élèves. »

Laurent Ruquier

◆◆◆

« La prière du professeur de ZEP :
"Donne-moi aujourd'hui le courage d'y aller.
Pardonne à ceux qui vont m'offenser
comme je pardonnerai au Ministère
qui m'a laissé(e) tomber." »

Anne Roumanoff

« Si un réalisateur myope a des cameramans presbytes, ça peut donner une image claire. »

Pierre Légaré

◆◆◆

« L'acteur n'existe que dans le regard des autres. »

Michel Piccoli

◆◆◆

« Un acteur qui a trouvé son emploi ne trouve pas forcément du travail. »

Yvan Audouard

« Un critique, c'est un journaliste que
sa petite amie a plaqué pour un acteur. »

Walter Winchell

◆◆◆

« Un acteur doit être invisible. »

Jean-Marc Barr

◆◆◆

« Un acteur a parfois besoin d'être inventé
par les autres. »

Simone Signoret

« J'ai enfin trouvé du travail. Je suis facteur. Ça ne paye pas beaucoup, mais c'est quand même mieux que d'errer dans les rues. »

Patrick Doherty

◆◆◆

« Un bon tour à jouer à un ami facteur : tu lui offres un vaporisateur censé éloigner les chiens mais qui, en réalité, sent l'os. »

Pierre Légaré

« Il n'y a que deux sortes de chauffeurs de taxi : ceux qui puent le tabac et ceux qui vous empêchent de fumer. »

Pierre Desproges

◆◆◆

« Si tu dis au chauffeur de taxi de reculer jusqu'à ta destination, quand tu arrives, c'est lui qui te doit de l'argent. »

Pierre Légaré

« C'est plus facile pour un bon
ouvrier de devenir un bon bourgeois
que pour un bon bourgeois
de devenir un bon ouvrier. »

Georges Wolinski

◆◆◆

« Un ouvrier mégalo, c'est pas fréquent. »

José Artur

◆◆◆

« Voter à droite c'est soit pour préserver la société
soit pour écraser l'ouvrier. »

Michel Audiard

« À l'origine, Adam et Eve étaient aussi heureux qu'il est possible de l'être quand on n'a ni travail à faire, ni impôt sur le revenu, ni avocat, ni médecin, ni enfant, ni chien. »

W. C. Fields

◆◆◆

« Que veut la classe laborieuse ? La classe laborieuse ne veut plus travailler. »

Alphonse Karr

◆◆◆

« À peine au sortir de l'enfance, et même un peu avant, j'ai mis en pratique la méprisabilité du travail. »

Alphonse Allais

« Pour un écrivain, le temps perdu est le meilleur des placements. »

Yvan Audouard

◆◆◆

« Le journaliste, lui, peut écrire n'importe quoi et se tromper sur tout, cela ne change rien, ses journaux se vendent toujours aussi bien ou aussi mal. »

François Mitterrand

« **AUX ÉTATS-UNIS**,
SEULS LES ROMANCIERS À SUCCÈS
SONT RECONNUS,
EN FRANCE,
TOUS LES ROMANCIERS SONT
RECONNUS,
EN ANGLETERRE,
AUCUN ROMANCIER N'EST
RECONNU,
ET EN AUSTRALIE,
IL FAUT EXPLIQUER CE QU'EST
UN ROMANCIER. »

Geoffrey Cotterell

« L'art de gouverner est l'organisation de l'idolâtrie. »

George Bernard Shaw

◆◆◆

« Si gouverner c'est prévoir, prévoir c'est voir de loin. Ne serait-ce que pour y regarder ensuite de plus près. »

Pierre Dac

*« Gouverner, c'est prévoir.
Prévoir sa réélection bien entendu. »*

Yvan Audouard

« Gouverner, c'est voler, tout le monde sait ça. »

Albert Camus

*« La gendarmerie nationale,
ce corps des litres ! »*

Frédéric Dard

◆◆◆

« S'il n'y avait pas de voleurs, il n'y aurait pas de gendarmes, et s'il n'y avait pas de gendarmes, il y aurait bien plus de voleurs que ça. »

Alphonse Allais

◆◆◆

« Sans les gendarmes, le juge ne serait qu'un pauvre rêveur. »

Anatole France

« Je n'ai rien contre la police.
J'en ai peur, c'est tout. »

Alfred Hitchcock

◆◆◆

« *L'autre jour, un ami m'a confié : "Penser… penser… j'en ai perdu l'habitude. Cela fait vingt-cinq ans que je suis dans la police."* »

Francis Blanche

◆◆◆

« Quand un policier tue une mouche, il en trace toujours le contour à la craie. »

Pierre Légaré

« Un prof qui n'attend pas de ses élèves
ce qu'il doit enseigner n'a plus rien à leur dire. »

Yvan Audouard

◆◆◆

« Un mauvais chirurgien ne fait de mal qu'à une personne à la fois, un mauvais professeur à cent trente. »

Ernest Boyer

◆◆◆

« Les vieux professeurs ne meurent jamais,
ils perdent leurs facultés. »

Marcel Pagnol

« La vie quotidienne d'un professeur dans une banlieue est difficile : le matin, il part enseigner ; le soir, il rentre en saignant. »

Philippe Bouvard

◆◆◆

« Entrer dans l'enseignement, c'est un peu comme entrer en enfer. Il est difficile d'en sortir. »

Adrien Thério

« Très souvent le médecin guérit la maladie et finit pourtant par tuer le malade. »

Coluche

◆◆◆

« Les médecins appellent "mauvais malades" ceux qui repoussent les soins, refusent de prendre les remèdes et meurent en disant : "Vous voyez bien que je n'avais rien !" »

Aurélien Scholl

◆◆◆

« Les architectes dissimulent leurs erreurs sous du lierre, les médecins sous la terre et les ménagères sous la mayonnaise. »

George Bernard Shaw

« Mon père est médecin et il a une écriture illisible. Un jour, il m'a écrit un mot pour me dispenser du cours de gymnastique et après l'avoir lu, le professeur m'a donné tout l'argent qu'il avait sur lui. »

Rita Rudner

◆◆◆

« Le chirurgien fait tout, mais ne sait rien ; le médecin sait tout, mais ne fait rien ; le psychiatre ne sait ni ne fait rien ; et le médecin légiste sait tout, mais il est trop tard. »

Wayne Miller

« Pourquoi acheter un journal quand on peut acheter un journaliste ? »

Bernard Tapie

◆◆◆

« Recevoir un grand nombre de journalistes est un plaisir. Un petit nombre un ennui. Un seul d'entre eux : un supplice. »

Charles de Gaulle

◆◆◆

« Un journaliste ne peut espérer faire du bien sans s'attirer une bonne dose de haine. »

Henry James

« Y A TROIS CHOSES
QU'ON NE PEUT
PAS REGARDER
EN FACE :
LE SOLEIL, LA MORT
ET LE DENTISTE. »

Alex Métayer

« Depuis que les femmes travaillent, on est passé de "Merci mon Dieu, c'est vendredi" à "Merci mon Dieu, c'est lundi". Si une mère n'a jamais dit ça, c'est que ses enfants n'ont pas encore atteint l'adolescence. »

Ann Diehl

◆◆◆

« Le travail acharné n'est que le refuge des gens qui n'ont rien d'autre à faire. »

Oscar Wilde

◆◆◆

« Je suis l'exemple classique des humoristes : seulement drôle quand je travaille. »

Peter Sellers

« Il n'y a vraiment aucun plaisir à n'avoir rien à faire. Ce qui est jouissif, c'est d'avoir une tonne de travail et de ne pas le faire. »

John W. Raper

◆◆◆

« Le travail n'a jamais tué personne, mais pourquoi courir le risque ? »

Edgar Bergen

◆◆◆

« Le chômage a un seul avantage : les accidents du travail y sont rares. »

Yvan Audouard

« La gloire d'un bon avocat consiste à gagner de mauvais procès. »

Honoré de Balzac

◆◆◆

« Il y a deux sortes de justice : vous avez l'avocat qui connaît bien la loi, et l'avocat qui connaît bien le juge ! »

Coluche

« Un ménage
d'avocats est
un ménage à trois :
lui, elle
et le client. »

Pierre Dac

◆◆◆

« Il est aussi facile d'ouvrir une huître
sans couteau que de faire parler un avocat
sans le payer. »

Barten Holyday

« Certains médecins croient avoir assez fait quand ils vous ont dit le nom de votre maladie. »

Alphonse Karr

◆◆◆

« Le travail, c'est la santé... Mais à quoi sert alors la médecine du travail ? »

Pierre Dac

◆◆◆

« Un bon professeur, c'est aussi rare qu'un bon médecin, mais le salaire n'est pas tout à fait le même... »

Robert McFly

« *Il y a aujourd'hui tant de médecins de toute sorte, qu'il faut bien, pour leur donner de l'ouvrage, inventer des maladies.* »

Alphonse Karr

◆◆◆

« Le journaliste tient de l'avocat et le médecin et du pharmacien. Pourquoi la presse n'est-elle soumise à aucune condition sanitaire ? »

Alphonse Karr

« Auteur dramatique échangerait pièce en quatre actes contre trois pièces et une cuisine. »

Pierre Dac

◆◆◆

« Si l'on n'épouse pas les questions, les doutes et les délires de la société, pas la peine d'être acteur. »

Michel Piccoli

◆◆◆

« Un acteur qui joue avec ses tripes est un acteur qui va mourir d'un cancer de l'intestin. »

Guy Bedos

« Comédien, c'est un métier de flemmard. »

Jean-Louis Trintignant

« Le métier de croque-mort n'a aucun avenir.
Les clients ne sont pas fidèles. »

Léon-Paul Fargue

◆◆◆

« La vie se résume à deux professeurs : un en blouse grise qui nous apprend la vie, et un en blouse blanche qui nous apprend la mort. »

Patrick Sébastien

◆◆◆

« N'allez jamais chez un docteur dont les plantes de la salle d'attente sont mortes. »

Erma Bombeck

« La discrétion est ma devise.
Je ne dis jamais rien. Même sur ma carte
de visite, il n'y a rien d'écrit. »

Groucho Marx

◆◆◆

« Les métiers sans ennuis sont
les métiers qu'on ne fait pas. »

Alain

◆◆◆

« C'est en forgeant qu'on devient
vachement fatigué. »

Pierre Perret

« Un paresseux est un homme qui ne fait pas semblant de travailler. »

Alphonse Allais

◆◆◆

« La paresse c'est la mère miraculeuse du travail... parce que le père est totalement inconnu. »

Georges Feydeau

« Le travail pense,
la paresse songe. »

Jules Renard

◆◆◆

« Quand le douanier te demande
d'où tu viens, tu peux répondre :
"D'un utérus", mais il ne faut pas
que t'aies quelque chose d'urgent
à faire ce jour-là. »

Pierre Légaré

« Un psychiatre, c'est quelqu'un qui,
lorsqu'il va voir un strip-tease,
regarde le public. »

Mervyn Stockwood

◆◆◆

« Tous ceux à qui vient l'idée de consulter un psychiatre devraient subir un examen mental. »

Samuel Goldwyn

◆◆◆

« Un psychiatre ?
Des analystes tourmentés qui se cherchent souvent eux-mêmes à travers leurs patients. »

Julie Stanton

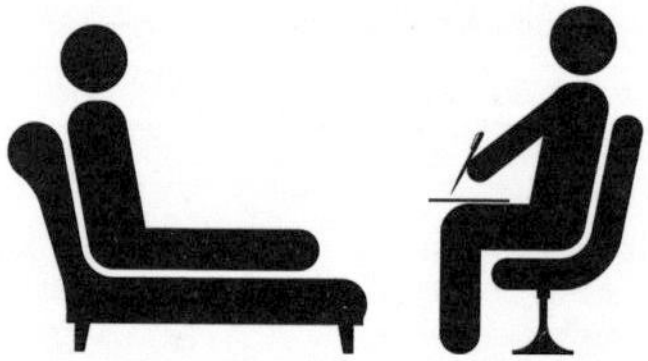

« Mentir c'est un métier, mais démentir c'est tout un art. »

Georges Wolinski

◆◆◆

« L'artiste doit aimer la vie et nous montrer qu'elle est belle. Sans lui, nous en douterions. »

Anatole France

« Dans ton bureau, si t'as un diplôme, t'as l'air intelligent. Si t'as un climatiseur, t'as l'air conditionné. »

Pierre Légaré

◆◆◆

« J'arrive toujours en retard au bureau, mais je me rattrape en partant plus tôt. »

Charles Lamb

« La critique littéraire présente
un avantage sur les suicides :
dans le suicide, vous prenez
tout sur vous, dans la critique
vous prenez tout sur les autres. »

George Bernard Shaw

◆◆◆

« Un critique, c'est quelqu'un qui connaît
le chemin mais qui ne sait pas conduire. »

Kenneth Tynan

« J'ai une très mauvaise vue.
Quand je vais chez l'ophtalmo,
le docteur me montre les lettres en
les énonçant à haute voix, et ensuite
il me demande : "vrai ou faux ?" »

Woody Allen

◆◆◆

« Le médecin guérit la maladie
et tue le malade. »

Francis Bacon

◆◆◆

« Ce n'est pas les médecins qui
nous manquent, c'est la médecine. »

Montesquieu

« Une pomme
par jour éloigne
le docteur…
à condition
de viser juste. »

Winston Churchill

« Écrire ? Métier pour introvertis
et contemplateurs de nombril. »

Jacques Lamarche

◆◆◆

« Un excellent jardinier vaut
un excellent poète. »

Alphonse Karr

◆◆◆

« En justice de série, si l'on n'a pas toujours
raison d'avoir tort on a souvent tort
d'avoir raison. »

Pierre Dac

« Y a des gens pour qui réussir à tous les coups
est une obsession, comme les parachutistes. »

Pierre Légaré

◆◆◆

« Un diplomate qui s'amuse est moins
dangereux qu'un diplomate qui travaille. »

Georges de Porto-Riche

◆◆◆

« Ne pas faire carrière est
la meilleure façon de réussir. »

François Hollande

« Je crois que j'ai fait le boulot
le plus inintéressant au monde. Je nettoyais
les fenêtres des enveloppes. »

Rita Rudner

◆◆◆

« Les technocrates, si on leur donnait
le Sahara, dans cinq ans il faudrait
qu'ils achètent du sable ailleurs. »

Coluche

◆◆◆

« Des robots qui regardent d'autres robots
qui ne font rien, c'est peut-être ça qui, un jour,
va remplacer les employés des travaux publics. »

Pierre Légaré

« Je parle en dormant.
Au bureau, c'est gênant ! »

Pierre Doris

◆◆◆

« Les grands inventeurs sont de grands emprunteurs. C'est à croire qu'on ne s'agrandit pas sans voler. »

Anatole France

◆◆◆

« Il est aussi sympathique qu'une grève des éboueurs en été. »

Frédéric Dard

« Je suis toujours étonné que la justice se contente d'un alcootest qui donne le nombre de grammes d'alcool dans le sang, sans indiquer le cépage et le millésime. Que fait la police ? »

Olivier de Kersauzon

◆◆◆

« Le crime ne paie pas, sauf les avocats. »

Byron White

« Un avocat est capable de dire n'importe quoi pour gagner un procès, même parfois de dire la vérité. »

Patrick Murray

◆◆◆

« En bonne justice, il rare qu'une cause perdue soit jamais retrouvée. »

Pierre Dac

« Les politiciens rêvent tous d'avoir un jour leur statue. Les pigeons en rêvent aussi. »

Pierre Légaré

◆◆◆

« Les politiques sont comme les chevaux, ils ne peuvent marcher droit sans œillères. »

Anatole France

◆◆◆

« Mussolini est l'homme politique que j'admire le plus, parce qu'il a eu le courage de faire fusiller son gendre. »

Winston Churchill

« La devise
du vrai politicien,
c'est bon à tout,
propre à rien. »

Pierre Dac

« Sans la police, tout le monde tuerait tout le monde, et il n'y aurait plus de guerre. »

Henri Jeanson

◆◆◆

« Mon rêve : tourner une histoire de frères siamois. L'un dans la police, l'autre voleur. »

Jean Yanne

◆◆◆

« Les policiers portent un numéro, au cas où on les perdrait. »

Spike Milligan

« Un pays sans police
est un grand navire sans boussole
et sans gouvernail. »

Alexandre Dumas

◆◆◆

« La police, c'est un refuge pour les
alcooliques qu'on n'a pas voulus à la SNCF
et aux PTT. »

Coluche

◆◆◆

« Vous êtes-vous déjà demandé pourquoi
les flics sont souvent idiots ? C'est tout simple :
c'est ce qu'on leur demande. »

Orson Welles

*« Quand un chauffeur
de camion joue du piano,
il a tendance à appuyer sur
la pédale gauche à chaque
changement de couplet. »*

Pierre Légaré

*« Les grammairiens sont
pour les auteurs ce qu'un luthier
est pour un musicien. »*

Voltaire

« La semaine dernière, l'usine de bougies
a brûlé et tout le monde a chanté :
"Joyeux anniversaire" ! »

Steven Wright

◆◆◆

« Les savants sont des gens
qui, sur la route des choses
inconnues, s'embourbent
un peu moins que les autres. »

Alphonse Karr

« À l'instar du pou, le coiffeur
est un parasite du cheveu. »

Pierre Desproges

◆◆◆

« Parole de coiffeur : il est interdit
de descendre avant la raie. »

Pierre Desproges

◆◆◆

« Ancien libraire, ancien boucher, ancien
coiffeur, ça veut rien dire : être un ancien
quelque chose, c'est forcément devenir
un nouveau quelqu'un ! »

Daniel Pennac

« Les scientifiques sont formels, l'espace est infini. C'est une idée rassurante, surtout pour ceux qui perdent toujours leurs affaires et ne les retrouvent jamais. »

Woody Allen

◆◆◆

« Si les astronautes sont si intelligents, pourquoi comptent-ils à rebours ? »

Robert Orben

◆◆◆

« Beaucoup d'astronomes ont l'impression qu'ils ne font que tourner en rond. »

Pierre Légaré

« La science est infaillible ; mais les savants se trompent toujours. »

Anatole France

◆◆◆

« Un savant doit se résigner de bonne heure à ignorer presque tout de l'immense univers. »

Anatole France

« Il y a deux sortes de savants : les spécialistes, qui connaissent tout sur rien, et les philosophes, qui ne connaissent rien sur tout. »

George Bernard Shaw

◆◆◆

« Le Philosophe ordinaire est une espèce d'être bâtard entre le Savant et le Poète et porte envie à l'un et à l'autre. »

Gustave Flaubert

« On devient pas flic. On finit flic. »

Michel Audiard

◆◆◆

« Nous vivons à une époque où les pizzas arrivent plus rapidement chez vous que la police. »

Jef Marder

◆◆◆

« Quand un flic vous interroge, il vaut mieux lui répondre que de répliquer. »

Yvan Audouard

« TU SAIS
CE QU'IL FAUT POUR
FAIRE UN BON FLIC ?
UN JEU DE CARTES ET
UN DÉCAPSULEUR. »

COLUCHE

« Un bon vendeur, c'est un type qui serait capable de vendre un stick déodorant à la Vénus de Milo. »

Max Bern

◆◆◆

« Un conseiller financier, c'est quelqu'un qui vous emprunte votre montre pour vous donner l'heure, et qui s'en va avec. »

Robert Townsend

◆◆◆

« La sagesse des financiers est courte, et leur prévoyance ne va jamais au-delà de leurs intérêts. »

Anatole France

« Il faut toujours faire l'amour
avec des gens de son métier.
Non pas qu'ils le fassent mieux
que les autres, mais ils sont libres
aux mêmes heures. »

Louis Jouvet

◆◆◆

« Le pire écart de salaire,
c'est un mois entre deux paies. »

Jean-Marie Gourio

« Mon garagiste n'a pas pu réparer mes freins, alors il m'a installé un klaxon plus puissant. »

Steven Wright

◆◆◆

« Lors d'un entretien d'embauche, dites que vous êtes prêts à vous investir à 110 %, sauf si vous briguez un poste de statisticien. »

Adam Gropman

◆◆◆

« L'hiver, comment font ceux qui conduisent les machines à saler pour se rendre sur leur lieu de travail ? »

Steven Wright

« Les bons percussionnistes ne proviennent jamais de régions sujettes aux avalanches. »

Pierre Légaré

◆◆◆

« Il ne faut pas offrir d'aquarium à une soprano. »

Pierre Légaré

◆◆◆

« Je ne sais ni chanter ni danser ni jouer la comédie. Que pourrais-je faire d'autre qu'animateur de télévision ? »

David Letterman

« Je suis comme un dentiste, il y a beaucoup de choses qui font mal dans mon travail. »

George Bernard Shaw

◆◆◆

« La veille d'un rendez-vous chez le dentiste, c'est mieux de ne pas dormir. De toute façon, il va te demander de bâiller pendant trois-quarts d'heure. »

Pierre Légaré

« Gynécologue, c'est un métier
pour les sourds : y a rien à entendre
et tu peux lire sur les lèvres. »

Coluche

◆◆◆

« Si un urologue
vous propose un verre,
n'acceptez surtout
pas ! »

Jackie Vernon

« Le vrai journaliste parle de politique en termes scolaires et d'éducation en termes culinaires. »

Michel-Antoine Burnier et Patrick Rambaud

◆◆◆

« Journalisme d'investigation : enfiler une personnalité bien connue sur la broche et inviter le public à tourner. »

George Bernard Shaw

◆◆◆

« Un journaliste est d'abord un homme qui réussit à se faire lire. »

François Mauriac

« C'était un journaliste
qui ne s'était jamais distingué
qu'à l'article de la mort. »

Pierre Perret

◆◆◆

« Le journaliste est un interprète
de la curiosité publique. »

Bernard Pivot

◆◆◆

« Si tu découvres que tous les arbres
de ta ville ont un nombre de feuilles impair
et que t'appelles un journaliste pour qu'il fasse
un article là-dessus, il te rappelle pas. »

Pierre Légaré

« Les maçons du Moyen Âge
savaient parfaitement
que Dieu n'existe pas,
mais ils espéraient qu'à force
de lui bâtir des cathédrales,
il finirait par exister. »

François Cavanna

◆◆◆

« Le meilleur moyen de changer le cours de
l'histoire, c'est de devenir historien. »

Paul Dickinson

« Se garer en plein centre de Londres
coûte 20 p pour trois minutes, ce qui fait
4 £ de l'heure, ce qui est plus que le SMIC.
Comme ça, les employés de McDonald's
peuvent regarder par la fenêtre
et voir des parcmètres qui gagnent plus
d'argent qu'eux. »

Simon Evans

◆◆◆

« Un bon truc pour voir
si tes employés ont
de l'imagination, c'est
de leur offrir de rembourser
leurs dépenses professionnelles. »

Pierre Légaré

« La règle du 50-50-90 : à chaque fois que vous avez une probabilité de 50-50 de réussir quelque chose, il y a une probabilité de 90 % pour que vous ayez tort. »

Andy Rooney

◆◆◆

« Un homme d'affaires est un monsieur qui a pour état de faire ses affaires dans les vôtres. »

Alphonse Karr

◆◆◆

« Les bibliothécaires qui parlent dans leur sommeil parlent tout bas. »

Pierre Légaré

« J'AI UN SALAIRE
À SEPT CHIFFRES.
MALHEUREUSEMENT,
C'EST EN COMPTANT
LA VIRGULE. »

ROBERT MCFLY

« Que deviendrait la police si l'innocence l'intimidait ? »

Alexandre Arnoux

◆◆◆

« Si un flic t'arrête parce que t'es passé au feu rouge et que tu offres de t'arrêter au prochain feu vert, il veut pas. »

Pierre Légaré

« Les flics ne disent jamais
"adieu" parce qu'ils espèrent toujours
vous revoir bientôt. »

Raymond Chandler

◆◆◆

« Les gendarmes ont
grand tort de malmener
les criminels. Sans eux,
ils n'existeraient pas. »

Alphonse Allais

« Petit lundi,
grosse semaine. »

Proverbe québécois

« Un bon bâilleur
en fait bâiller deux. »

Proverbe français

**« CE N'EST PAS LE TOUT
DE SE LEVER LE MATIN,
IL FAUT ENCORE ARRIVER
À L'HEURE. »**

Proverbe français

« Le paresseux appelle chance
le succès du travailleur. »

Proverbe anglais

◆◆◆

« Les rêves donnent
du travail. »

Paolo Coelho

◆◆◆

« Le travail est la prière des esclaves ;
la prière est le travail des hommes
libres. »

Léon Bloy

« Dans le domaine du barreau, l'honneur d'un bâtonnier est de ne jamais se faire des retours de bâton. »

Pierre Dac

◆◆◆

« On a vu des hautes cours de justice se transformer en basses-cours de police. »

Pierre Dac

« QUAND LA JUSTICE N'EST PAS JUSTE L'INJUSTICE EST EXACTE. »

Pierre Dac

◆◆◆

« En stricte et rigoureuse justice, les condamnés ont parfois bien du mal à s'en remettre. »

Pierre Dac

« Je sais bien que les gens qui conduisent saouls sont mal vus par les flics. Mais je sais aussi que, parfois, vous n'avez pas le choix : il faut bien emmener les enfants à l'école. »

Dave Attell

◆◆◆

« Là où manque la police abonde la malice. »

Proverbe

« JE CONNAIS BIEN LES CHÔMEURS, ILS ONT TELLEMENT HONTE, ILS VOTENT COMMUNISTE POUR SE FAIRE PASSER POUR DES TRAVAILLEURS. »

COLUCHE

« Un acteur, c'est un type qui, si vous ne parlez pas de lui, ne vous écoute pas. »

Marlon Brando

◆◆◆

« Nous travaillions comme un seul homme. (Deux d'entre nous n'en fichaient pas une datte.) »

Groucho Marx

« Avant on appelait ça le vaudou
et ça consistait à enfoncer des aiguilles
dans une poupée. Maintenant
on appelle ça l'acuponcture
et on enfonce directement les aiguilles
dans le corps. »

Cathy Hopkins

◆◆◆

« Un congé, c'est pratique
pour finir le travail que t'as pas
eu le temps de faire à ton congé
précédent. »

Pierre Légaré

« Autrefois l'architecte démolissait pour rajeunir ; maintenant, il démolit pour vieillir. »

Anatole France

◆◆◆

« L'emploi où l'on observe le plus faible pourcentage d'obèses est celui de toréador. »

Pierre Légaré

◆◆◆

« On devrait ouvrir des écoles pour professeurs inadaptés. »

Alphonse Allais

« Heureusement qu'ils ne sont pas dans le bâtiment à la Sécurité sociale ! Ils auraient les doigts pris dans le béton. »

Coluche

◆◆◆

« Dès qu'un acteur parle, il cesse de penser. »

Jules Renard

« Travaillez bien en classe si vous voulez réussir mieux que vos professeurs. »

Philippe Bouvard

◆◆◆

« On est en général peu porté à l'action dans le monde des professeurs. On y a besoin de calme et de paix. »

Georges Clemenceau

« Si vous partagez votre appartement avec un biologiste, évitez de manger ce qui se trouve dans le réfrigérateur. »

Faith Hines

◆◆◆

« La seule façon pour qu'un mathématicien devienne célèbre, c'est qu'il tue quelqu'un. »

Thomas Nicely

« Un homme politique ne doit
pas devancer les circonstances.
C'est un tort que d'avoir raison trop tôt. »

Anatole France

◆◆◆

« Le meilleur auxiliaire d'un diplomate,
c'est bien son cuisinier. »

Talleyrand

◆◆◆

« Un politique ne risque pas de se tromper
en promettant à ses ennemis une mauvaise fin. »

Anatole France

« Il y a tout lieu de s'inquiéter quand la police est "sur les dents" : la position ne permet pas d'attraper grand-chose. »

André Frossard

◆◆◆

« Un diplomate, c'est quelqu'un qui réfléchit à deux fois avant de ne rien dire. »

Frédéric Sawyer

« Les gardiens de la paix,
au lieu de la garder, ils feraient mieux
de la foutre ! »

Coluche

◆◆◆

« Le héros d'aujourd'hui, c'est celui qui est capable de donner raison à la police. »

Jean-François Khan

◆◆◆

« C'est dans les dossiers des archives de la police que se trouve notre seule immortalité. »

Milan Kundera

« À CELUI QUI DIT QU'IL S'EST ENRICHI PAR LE TRAVAIL, DEMANDEZ :

"DE QUI ?" »

Don Marquis

« Mettons que tu dors au boulot mais que tu rêves que tu es en train de travailler, ça peut marcher. »

Pierre Légaré

◆◆◆

« En travaillant bien huit heures par jour, on peut espérer devenir chef et travailler ainsi douze heures par jour. »

Robert Frost

« Quand c'est congé, tu te réveilles
toujours deux heures avant
de te lever. Quand tu travailles,
c'est le contraire. »

Pierre Légaré

◆◆◆

« Un chef, c'est un type qui a une mentalité
d'employé mais qui ne veut pas le rester. »

Coluche

« Le treizième travail d'Hercule : trouver un emploi. »

Roland Topor

◆◆◆

« Je suis tombé du toit. L'assurance m'a fait savoir que mon contrat couvrait bien le fait de tomber, mais pas celui de toucher le sol. »

Tommy Cooper

◆◆◆

« Quand les pompiers sauvent un chat dans un incendie, ils sont soulagés. Surtout s'ils en avaient écrasé un en arrivant. »

Pierre Légaré

« Si tous les économistes se tenaient la main,
ils n'arriveraient même pas à une conclusion. »

George Bernard Shaw

◆◆◆

« Si ton travail c'est la teinture
et que tu dis que gens que tu es teintre,
ils ne comprennent pas. »

Pierre Légaré

◆◆◆

« Aucun problème n'est insurmontable
pour un commercial bien motivé. »

Scott Adams

« La bonne attachée de presse est celle qui sait se réjouir d'une acceptation et ne pas se froisser d'un refus. »

Bernard Pivot

◆◆◆

« Être éditeur, c'est avant tout savoir dire non. »

Jean-Marie Laclavetine

« ENTRE LE JOUR OÙ L'ON A DÉCROCHÉ UN JOB ET CELUI OÙ L'ON COMMENCE, ON VIT LA PLUS BELLE PÉRIODE DE SA VIE. »

Jerry Seinfeld

« Dans un monde où une énorme distance
semble séparer un ministre d'une prostituée,
il est bon de dire, à l'un comme à l'autre,
qu'ils font le même métier. »

Philippe Bouvard

◆◆◆

« Si le travail n'offrait aucune
possibilité d'amusement, de corruption
ou de petits vols, je ne pouvais
le prendre au sérieux. »

Harpo Marx

◆◆◆

« Les hommes d'État ne voient jamais
au-delà du moment présent.
Je parle des plus pénétrants. »

Anatole France

« Le fermier qui aura réussi à croiser une dinde avec un kangourou aura créé la première volaille que l'on puisse farcir de l'extérieur. »

François Cavanna

◆◆◆

« L'agriculteur est homme qui tire son argent de la campagne et le dépense à la ville. »

Kin Hubbard

« Quand on téléphone
à l'armée,
on se fait répondre :
“Restez en ligne” . »

Pierre Légaré

◆◆◆

« Je ne me suis jamais attendu à ce qu'un soldat pense. »

George Bernard Shaw

« Les comédiens ont le foie côté jardin. »

Pierre Légaré

◆◆◆

« Il y a des journalistes qui ont appris leur métier à l'école hôtelière. Ils posent les questions comme on passe les plats. »

Guy Bedos

◆◆◆

« Dieu a créé Satan pour que les gens ne s'en prennent pas qu'à lui, puis il a créé les avocats pour qu'on ne s'en prenne pas seulement à Satan. »

John Wing Jr

« *Tant que je ferai de la politique, je ne rentrerai jamais dans une pissotière.* »

Georges Clemenceau

◆◆◆

« *Il n'y a pas de problème sexuel si grave qu'un bon psychanalyste ne puisse aggraver.* »

Gerald Horton Bath

◆◆◆

« Être salarié, c'est passer la semaine à attendre week-end et passer le week-end à attendre les vacances. »

Héloïse Prufol

?...

« MON PÈRE ÉTAIT FONCTIONNAIRE ET MA MÈRE NE TRAVAILLAIT PAS NON PLUS. »

Coluche

◆◆◆

« La seule chose qui travaille dans le bureau d'un fonctionnaire, c'est le bois. »

Coluche

« Le chef c'est celui qui peut
prendre la dernière goutte de café
sans avoir à en refaire. »

Scott Adams

◆◆◆

« Le patron n'est autre que le personnage
qui est en retard quand vous êtes en avance
et qui arrive avant si vous êtes en retard. »

Charles Fourier

◆◆◆

« Ne remets pas à demain
ce que tu peux faire après-demain. »

Alphonse Allais

« LE TRAVAIL EST
L'OPIUM DU PEUPLE
**ET JE NE VEUX PAS
MOURIR DROGUÉ.** »

BORIS VIAN

ANIMAUX

« Appeler un chat un chat,
aide à favoriser l'épanouissement
personnel de l'animal.
Appeler un chat un chien peut
par contre lui minet le moral. »

Stéphane de Groodt

◆◆◆

« Les fast-foods, c'est bon
pour les chats, et encore, les chats
que j'aime bien ne méritent
pas ça. »

Pierre Perret

« Tu dis que tu aimes les fleurs
et tu leur coupes la queue, tu dis que tu aimes
les chiens et tu leur mets une laisse,
tu dis que tu aimes les oiseaux
et tu les mets en cage, tu dis que tu m'aimes
alors moi j'ai peur. »

Jean Cocteau

◆◆◆

« Si les puces avaient des chiens,
pourraient-elles encore sauter ? »

Pierre Perret

◆◆◆

« J'attrape des ennemis comme
un chien attrape des poux. »

Jean Yanne

« LA DEVISE DU CHAT :
QU'IMPORTE CE QUE
TU AS FAIT, ESSAIE TOUJOURS
DE FAIRE CROIRE QUE
C'EST LA FAUTE DU CHIEN. »

JEFF VALDEZ

« Il s'est donné un mal de chien
pour caresser son chat. »

Pierre Perret

◆◆◆

« Proverbe d'automobiliste : la nuit,
tous les chats sont plats. »

Vincent Haudiquet

◆◆◆

« Ça ne porte pas malheur
si tu passes en dessous d'un chat noir,
mais il n'y a presque personne
qui le sait. »

Pierre Légaré

« Le problème avec les chatons, c'est qu'il y a de fortes chances pour qu'ils deviennent un jour des chats. »

Ogden Nash

◆◆◆

« J'adore les cochons, parce que si les chiens nous admirent et que les chats nous méprisent, les cochons, eux, nous considèrent comme leurs semblables. »

Winston Churchill

◆◆◆

« Avant d'appeler un chat un chat, il faut demander au chat. »

Ylipe

« Je suis un poisson ascendant mayonnaise. »

Ettore Scola

◆◆◆

« L'arête est la vengeance du poisson et la gueule de bois, la colère des raisins. »

Tristan Bernard

◆◆◆

« J'aime bien les animaux domestiques, mais pas chez moi. »

Roland Topor

« Poisson rouge :
animal de compagnie
qui, par rapport
au chat, présente
l'avantage de moins
s'acharner sur les
rideaux du salon. »

Marc Escayrol

◆◆◆

« Le poisson est un animal
susceptible, en présence du pêcheur,
il prend facilement la mouche. »

Noctuel

« D'après les scientifiques, l'animal
le plus rapide du monde serait une vache
de 400 kg lâchée d'un hélicoptère volant
à 800 m d'altitude, à la vitesse
de 200 km/h. »

Dave Barry

◆◆◆

« *Mon animal préféré,
c'est le steak.* »

Fran Lebowitz

◆◆◆

« Quelqu'un qui déteste les enfants
et les animaux ne peut pas être
tout à fait mauvais. »

W.C. Fields

« UN ANIMAL MORT N'EST JAMAIS DANS SON ASSIETTE. »

SYLVAIN TESSON

« Un jour, à la chasse, j'ai tué un éléphant en pyjama. Comment a-t-il réussi à rentrer dans mon pyjama ? Je crois que je ne le saurai jamais. »

Groucho Marx

◆◆◆

« Si t'envoies un zèbre jouer avec des chevaux, ils pensent que c'est l'arbitre. »

Pierre Légaré

◆◆◆

« N'imitez rien ni personne. Un lion qui copie un lion devient un singe. »

Victor Hugo

« Les caresses n'ont jamais transformé un tigre en chaton. »

Franklin Delano Roosevelt

◆◆◆

« Il est aussi sûr de lui qu'un lapin dans la cage d'un tigre. »

Pierre Perret

◆◆◆

« La girafe n'a pas d'articulation du genou... Mais comment elle prie ? »

Jean Yanne

« Le vedettariat, c'est bidon. Vous mettez une vache à la télé, c'est la vache la plus célèbre. »

Michel Drucker

« Beauté de la littérature. Je perds une vache. J'écris sa mort et ça me rapporte de quoi acheter une autre vache. »

Jules Renard

« Un Belge est mort en buvant du lait.
La vache s'est assise. »

Coluche

◆◆◆

« Les magnifiques bisons
peints au plafond
des grottes de Lascaux
sont en fait un graffiti
signifiant
"Ah, la vache !" »

Pierre Légaré

« Les actionnaires,
ce sont généralement
des moutons, quelques fois
des tigres, mais toujours
des bêtes. »

Aurélien Scholl

◆◆◆

« L'artiste est un mouton qui se sépare
du troupeau. »

Witold Gombrowicz

« Pour être un membre irréprochable parmi une communauté de moutons, il faut avant toute chose être soi-même un mouton. »

Albert Einstein

◆◆◆

« Il ne faut jamais jouer à saute-mouton avec une licorne. »

Michel Shea

◆◆◆

« Pourquoi les moutons ne rétrécissent-ils pas quand il pleut ? »

Steven Wright

« Si une patte de lapin porte bonheur, qu'a-t-il bien pu arriver au lapin ? »

Jean-Loup Chiflet

◆◆◆

« Le boa avait agrafé le lapin en moins de temps qu'il n'en faut à un percepteur pour te piquer ton oseille. »

Pierre Perret

« IL EST TOUJOURS
AVANTAGEUX DE PORTER
UN TITRE NOBILIAIRE :
ÊTRE "DE QUELQUE CHOSE",
ÇA POSE **UN HOMME,**
COMME ÊTRE "DE GARENNE",
ÇA POSE UN LAPIN. »

Alphonse Allais

« Une des différences les plus frappantes entre un chat et un mensonge, c'est qu'un chat n'a que neuf vies. »

Mark Twain

◆◆◆

« Si ton chat boit l'eau de la cuvette des toilettes, c'est peut-être pas très utile de lui acheter la bouffe la plus chère. »

Pierre Légaré

◆◆◆

« Quand je réveille mon chat, il a l'air reconnaissant de celui à qui on donne l'occasion de se rendormir. »

Jean Audouard

« Si vous voulez être écrivain, ayez des chats. »

Aldous Huxley

« Je ne me suis jamais mariée parce que je n'en ai pas éprouvé le besoin. J'ai trois animaux qui remplissent le même rôle qu'un mari. J'ai un chien qui traîne tous les matins, un perroquet qui jure tout l'après-midi, et un chat qui ne rentre jamais avant minuit. »

Marie Corelli

« Gloutons, coureur, méchant, lâche et galeux ; en somme, feu mon chien était presque un homme. »

Jules Janin

◆◆◆

« C'est très bien d'avoir un chien qui ronfle.
Comme ça, on peut dire que c'est lui. »

Jean Yanne

« Les chiens ne font pas des chats,
même si le chat est consentant. »

Geoff Brabham

◆◆◆

« Il va bien falloir inventer les chiens robots puisqu'il n'y a plus d'endroits pour faire pisser les vrais. »

Jean Yanne

◆◆◆

« Les hommes sont comme les chiens, ils viennent quand on les appelle. Les femmes sont comme les chats, il suffit de les appeler pour qu'elles s'en aillent. »

Michel Galabru

« Le dindon est un paon qui n'a pas réussi. »

Roland Dorgelès

◆◆◆

« Poule : le seul animal qu'on mange avant sa naissance. »

Sydney Smith

« Il était flatté comme une poule
qui a couvé un perroquet. »
Pierre Perret

◆◆◆

« Le cochon dit à la poule :
"Les œufs, pour toi,
c'est un engagement partiel ;
le bacon pour moi,
c'est un engagement total". »
Philippe Meyer

« Je voudrais connaître la musique
dont la queue de mon chien
bat la mesure. »

Yvan Audouard

◆◆◆

« Le chien est le symbole de la fidélité,
mais nous le tenons en laisse. »

L. Söveny

◆◆◆

« Si jamais vous traitez un chien comme
un humain, il vous traitera comme un chien. »

Martha Scott

« MON MARI
ET MOI, ON HÉSITE
ENTRE FAIRE
UN ENFANT OU
ACHETER UN CHIEN.
ON NE SAIT PAS
ENCORE SI ON VEUT
RUINER NOS VIES,
OU SEULEMENT
NOS TAPIS. »

RITA RUDNER

« Si je préfère les chats aux chiens,
c'est parce qu'il n'y a pas de chat policier. »

Jean Cocteau

◆◆◆

« Le chat est d'une honnêteté absolue :
les êtres humains cachent, pour une raison
ou pour une autre, leurs sentiments.
Les chats, non. »

Ernest Hemingway

◆◆◆

« J'ai beaucoup étudié les philosophes
et les chats. La sagesse des chats est
infiniment supérieure. »

Hippolyte Taine

« J'ai un chat mais je lui donne
n'importe quoi à manger, la preuve :
il ne lui reste que trois vies. »

Joe Hickman

◆◆◆

« J'ai adopté un chat de gouttière.
Il ne lui reste que cinq vies. »

Buzz Nutley

◆◆◆

« Les chats ont neuf vies, alors, qu'on arrête de
parler de l'horreur des expériences de laboratoire
sur ces animaux. »

Jimmy Carr

« Le comble pour un chauve, c'est de pêcher une raie. »

Coluche

◆◆◆

« Que celui qui n'a jamais péché jette au poisson la première pierre ! »

Francis Blanche

« L'année dernière, je suis allé pêcher
avec Salvador Dali. Il se servait
d'une ligne en pointillé et il a attrapé
tous les autres poissons. »

Steven Wright

◆◆◆

« De la baleine
à la sardine et du poisson
rouge à l'anchois,
dans le fond de l'eau
chacun dîne d'un plus
petit que soi. »

Francis Blanche

« Je suis un sacré bouc en train. »

Coluche

◆◆◆

« Il faut savoir ménager la chèvre et le chou quand on est bouc émissaire. »

Pierre Perret

◆◆◆

« J'ai connu un psychiatre qui était tombé amoureux d'une brebis. Il lui faisait porter des bas noirs et une guêpière. »

Woody Allen

« L'HEURE DU BERGER
EST PARFOIS CELLE
DES BREBIS GALEUSES. »

PIERRE DAC

« Demander à un écrivain ce qu'il pense des critiques, c'est comme si vous demandiez à un réverbère ce qu'il pense des chiens. »

John Osborne

◆◆◆

« Si vous voulez avoir une vie sexuelle, prenez un amant. Si vous voulez avoir une vie sentimentale, achetez un chien. »

Jennie Churchill

◆◆◆

« Qui aime un chat aime tous les chats. Qui aime son chien n'aime pas les autres. »

Roland Topor

« Celui qui ne connaît pas le goût du savon n'a jamais essayé de laver un chien. »

Franklin P. Jones

« L'homme est bon,
mais le veau est meilleur. »

Bertolt Brecht

◆◆◆

« Qui vole un œuf
ferait mieux de voler
un bœuf. »

Francis Blanche

◆◆◆

« Qui ovule un œuf ovule un bœuf. »

Jean Yanne

« Un âne à deux pieds peut devenir
général et rester âne. »

La Comtesse de Ségur

◆◆◆

« Tout ce qui a trait
à la vache m'émeut. »

Vincent Roca

◆◆◆

« Une femme m'a agressé dans la rue :
"Vous savez que pour fabriquer votre veste
en cuir, il a fallu tuer une vache ?",
et j'ai répondu : "Je ne savais pas
qu'il y avait des témoins, maintenant
je vais être obligé de vous tuer vous aussi." »

Jake Johansen

« Dans un incendie, entre un Rembrandt
et un chat, je sauverais le chat. »

Alberto Giacometti

◆◆◆

« Il est difficile d'attraper un chat noir
dans une pièce sombre,
surtout lorsqu'il n'y est pas. »

Proverbe chinois

◆◆◆

« Le chat est comme la sauce
bolognaise, il retombe toujours
sur ses pâtes. »

Philippe Geluck

Pauvres messieurs auxquels on interdit de fumer leur cigare parce que la fumée risque de réveiller le chat que la demoiselle a dans la gorge !

Roland Topor

◆◆◆

La lettre Q fut créée uniquement pour les nuls en dessin afin qu'ils puissent représenter un chat assoupi vu de dos.

Pierre Légaré

◆◆◆

Les chats qui se nourrissent de lézards sont plus maigres que les autres mais ils courent plus vite.

Jean Audouard

« ÉCHAPPER À L'IMPÔT
SUR LA FORTUNE,
C'EST LA REVANCHE
DE LA CIGALE
SUR LA FOURMI. »

Guy Bedos

◆◆◆

*« Les abeilles trouvent
que les fourmis se ressemblent
toutes et, bien sûr,
c'est réciproque. »*

Pierre Légaré

« Personne ne prêche mieux que
la fourmi, et elle ne parle pas. »

Benjamin Franklin

◆◆◆

« RIEN NE RÉSISTE
À UN ACHARNEMENT
DE FOURMI. »

Victor Hugo

« On dessine toujours les éléphants plus petits que nature, mais les puces sont toujours plus grandes. »

Jonathan Swift

◆◆◆

« Quand un éléphant voit un aspirateur, il pense que c'est un fœtus. »

Pierre Légaré

« Quand l'éléphant mâle
s'approche de la femelle,
il commence par se mettre
discrètement la trompe
dans la bouche pour vérifier
son haleine. »

Pierre Légaré

◆◆◆

« Si vous avez attrapé un éléphant
par une patte de derrière et qu'il cherche
à s'enfuir, il vaut mieux lâcher prise. »

Abraham Lincoln

« L'instinct, c'est comme cet oiseau qui mourait de soif et qui a pu boire l'eau de la cruche en jetant des cailloux dedans. »

James Joyce

◆◆◆

« La chance est un oiseau de proie survolant un aveugle aux yeux bandés. »

Serge Gainsbourg

◆◆◆

« Les crottes d'oiseaux sur une voiture blanche, c'est noir et sur une voiture noire, c'est blanc. »

Pierre Légaré

« LE ROSSIGNOL RESTE FIDÈLE À SA COMPAGNE, AUSSI LONGTEMPS QU'IL EST ENFERMÉ DANS LA MÊME CAGE. »

WILL CUPPY

« J'aime l'odeur de la crevette
mais pas au point d'en manger. »

Ylipe

◆◆◆

« Les larmes, c'est comme les crevettes
grises : plus elles sont salées,
meilleures elles sont ! »

Frédéric Dard

◆◆◆

« Si on étire un crabe,
on obtient un homard. »

Pierre Légaré

« Je n'arrive jamais à me rappeler
si Moby Dick c'est l'homme ou la baleine. »

James Thurber

◆◆◆

« Un sous-marin,
pour une baleine,
c'est un gros
suppositoire. »

Jean Carmet

« Entre chiens et loups,
tous les chats sont gris. »

Jean Audouard

◆◆◆

« Il y a deux moyens d'oublier
les tracas de la vie : la musique
et les chats. »

Dr A. Schweitzer

◆◆◆

« Le moindre petit chat
est un chef-d'œuvre. »

Léonard de Vinci

« Si l'on pouvait croiser
l'homme et le chat,
ça améliorerait l'homme
mais ça dégraderait le chat. »

Mark Twain

« À fréquenter
le chat, on ne risque
que de s'enrichir. »

Colette

« LE CHAT, C'EST UNE BÊTE
PHILOSOPHIQUE, TENANT
À SES HABITUDES, AMIE
DE L'ORDRE ET DE LA PROPRETÉ. »

Théophile Gautier

« Quand elles se croient suffisamment loin de la ruche, les abeilles parlent de la reine en la nommant "la grosse". »

Pierre Légaré

◆◆◆

« Et après tout, qu'est-ce qu'un papillon ?
Tout au plus une chenille qui a bien tourné. »

John Gay

« On part toujours du principe que la femme doit attendre, immobile, que l'on vienne lui faire la cour. Il me semble que c'est ainsi que les araignées attrapent les mouches. »

George Bernard Shaw

◆◆◆

« J'aime beaucoup les animaux, surtout les araignées. »

Francis Blanche

« Quand on regarde attentivement un cochon d'Inde on remarque : premièrement que ce n'est pas un cochon, deuxièmement qu'il n'est pas d'Inde, et qu'en définitive seul le "d' " est authentique. »

François Cavanna

◆◆◆

« C'est pour la plupart des hommes un exemple décourageant que la sérénité d'un cochon. »

Anatole France

◆◆◆

« La chenille devient papillon,
le cochon devient saucisson,
c'est une grande loi de la nature. »

François Cavanna

« LE POISSON
EST UN ANIMAL DONT
LA CROISSANCE EST
EXTRÊMEMENT RAPIDE
ENTRE LE MOMENT
OÙ LE PÊCHEUR
L'ATTRAPE ET CELUI
OÙ IL LE DÉCRIT
À SES AMIS. »

ROBERT MCFLY

« Le renard en sait beaucoup, mais celui qui le prend en sait davantage. »

Miguel de Cervantès

◆◆◆

« Je sais, quand il le faut, quitter la peau du lion pour prendre celle du renard. »

Napoléon Bonaparte

« Il est plus fébrile qu'une belette dans un élevage de poussins. »

Pierre Perret

◆◆◆

« IL EST FIER COMME UN PAON QUI VIENT D'ENFILER UN COSTARD NEUF. »

Pierre Perret

« Si votre chien prend l'habitude d'aller manger chez votre voisin, dites-vous que vous êtes un mauvais cuisinier. »

Clive James

◆◆◆

« J'ai acheté un chien la semaine dernière et je l'ai appelé "Pas bouger". À force de dire : "Pas bouger, viens ici !", il est devenu fou. Maintenant il m'ignore. »

Steven Wright

« Des tresses à chien c'est aussi ridicule que des Natacha. »

Anonyme

◆◆◆

« Je préfère des belles souris que Déborah. »

Anonyme

« Une hirondelle ne fait pas le moine. »

Francis Blanche

◆◆◆

« On peut transformer un pigeon ordinaire en pigeon voyageur, mais il faut un élastique. »

Pierre Légaré

◆◆◆

« Un jour vous êtes le pigeon, et un autre vous êtes la statue. »

Ricky Gervais

« Les cygnes chantent avant de mourir. Certaines personnes seraient plus inspirées de mourir avant de chanter. »

Coleridge

•••

« Les hiboux qui disaient quand et pourquoi ont tous disparu. Il ne reste plus aujourd'hui que ceux qui disent où ».

Pierre Légaré

« Chez les chenilles, le temps des feuilles mortes s'appelle "la saison des chips". »

Pierre Légaré

◆◆◆

« S'il suffisait de s'installer en position du lotus pour accéder à l'illumination, toutes les grenouilles seraient des bouddhas. »

Louis Pauwels

◆◆◆

« Il est des animaux qui ne se lassent jamais d'entendre de la musique. Par exemple, les chevaux de bois. »

Pierre Doris

« JE NE CROIS PAS À LA RÉINCARNATION

et je n'y croyais pas non plus quand j'étais un hamster. »

SHANE RICHIE

« Un chien, un chat, c'est un cœur avec du poil autour. »

Brigitte Bardot

◆◆◆

« On dit : la nuit, tous les chats sont gris. C'est faux. La nuit, tous les chats dorment. »

Patrick Timsit

◆◆◆

« L'idéal du calme est dans un chat assis. »

Jules Renard

« Quand le baromètre se passe la patte derrière l'oreille, c'est que le chat est à la pluie. »

Léo Campion

◆◆◆

« Le chat pourrait très bien être le meilleur ami de l'homme, mais il ne daignerait jamais le reconnaître. »

Doug Larson

◆◆◆

« Les chats ont de la veine. L'obscurité ne les empêche pas de lire. »

Louis Scutenaire

« Parce que je le sors tous les jours
à la même heure, mon chien est persuadé
qu'il m'a dressé. »

Vincent Haudiquet

◆◆◆

« Je ne suis pas végétarien parce que j'aime les animaux, mais parce que je déteste les végétaux. »

A. Whitney Brown

◆◆◆

« Pourquoi les chiens se précipitent-ils
vers la porte quand on sonne, puisque ce n'est
jamais pour eux ? »

Harry Hill

« Avant de lui commander l'arche, Dieu avait testé Noé en lui demandant de s'occuper d'un petit chien pendant un week-end. »

Pierre Légaré

◆◆◆

« Il paraît que le chien est le meilleur ami de l'homme.
J'en doute.
Moi, je n'ai jamais castré un de mes amis. »

Larry Reels

« J'ai souvent un moins bon contact
avec les enfants qu'avec les animaux,
d'ailleurs, avec mes enfants, on ne s'entend
pas bien, ils me mordent. »

Jean-Marie Gourio

◆◆◆

« Le requin doit constamment nager,
car il ne flotte pas, particulièrement
le requin-marteau. »

Pierre Légaré

◆◆◆

« Recette californienne :
contre les requins, rien de tel que de se baigner
avec une tronçonneuse. »

Jean Yanne

« Je me sers des animaux
pour instruire les hommes. »

Jean de La Fontaine

◆◆◆

« Tous les animaux
sont égaux,
mais il y a des
animaux plus égaux
que d'autres. »

George Orwell

« Les chefs-d'œuvre sont comme les grands animaux. Ils ont la mine tranquille. »

Gustave Flaubert

◆◆◆

« L'homme est le seul des animaux à croire à des dieux. »

Platon

◆◆◆

« Les animaux sont mes amis... et je ne mange pas mes amis. »

George Bernard Shaw

« J'ADORE LES ANIMAUX, SURTOUT SI LA SAUCE EST BONNE. »

H. BERNSTEIN

« Je ne crois pas que ce soit très bien vu de porter de la fourrure de nos jours. On est quand même en plein été. »

Steven Wright

◆◆◆

« Les femmes se parent de la fourrure des animaux pour plaire aux hommes qui préfèrent la leur. »

Frédéric Dard

« Si la reproduction est impossible entre l'homme et l'animal c'est parce que, n'ayant pas d'état civil, l'animal ne peut se présenter devant un maire ou un curé. »

Jean Yanne

◆◆◆

« Autruche : seul animal officiellement doué de sens politique. »

Pierre Daninos

« Par temps froid et humide,
les serpents à lunettes sont embués. »

Pierre Légaré

« En fait, la sonnette
du serpent à sonnette
lui sert d'abord à avertir
qu'il ne voit rien
quand il recule. »

Pierre Légaré

« La gloire est un serpent. Que jamais
ne m'atteigne sa morsure. »

V. Rozanov

« Le premier animal domestique d'Adam après l'expulsion du Paradis fut le serpent. »

Franz Kafka

◆◆◆

« Les vers de terre s'enfoncent dans le sol pour ne pas tomber amoureux des étoiles. »

Jean Audouard

« Si un chameau freine trop rapidement, il devient dromadaire. »

Pierre Légaré

◆◆◆

« Je me méfie des chameaux et de tous ceux qui sont capables de rester une semaine sans prendre un verre. »

Joe Lewis

◆◆◆

« Il en est de l'argent comme du hérisson, plus facile à saisir qu'à retenir. »

Archiloque

« L'hippopotame est monogame.
Quand on en voit un, on se dit
que c'est déjà beaucoup. »

Will Cuppy

◆◆◆

« Regardez l'alligator.
En fait, ce n'est
qu'un sac à main flottant. »

Trevor Griffiths

◆◆◆

« Si un animal vous dit qu'il peut parler,
il ment probablement. »

Proverbe africain

« Le goéland qui voit le plus loin
vole le plus haut. »

Richard Bach

◆◆◆

« Quand les mouettes suivent
un chalutier, c'est qu'elles pensent
qu'on va leur jeter des sardines. »

Éric Cantona

◆◆◆

« Les mouettes naissent des mouchoirs
que l'on agite au départ du bateau. »

Ramon Gomez de la Serna

« Si une tartine tombe
toujours du côté beurré
et qu'un chat retombe
toujours sur ses pattes,
que se passe-t-il si
on laisse tomber un chat
sur le dos duquel
on a attaché
une tartine beurrée ? »

Steven Wright

« Le chat ne pense pas. Pourtant il a l'air aussi profond que s'il pensait. »

Jules Renard

◆◆◆

« Les chiens ont des maîtres, les chats ont des serviteurs. »

Dave Barry

◆◆◆

« Si vous êtes digne de son affection, le chat deviendra votre ami, mais jamais votre esclave. »

Théophile Gautier

« Le chat semble mettre un point d'honneur
à ne servir à rien, ce qui ne l'empêche
pas de revendiquer au foyer une place meilleure
que celle du chien. »

Michel Tournier

◆◆◆

« Il ne faut pas réveiller le chat qui dort :
il vous demandera à bouffer. »

Pierre Perret

◆◆◆

« Le comble de la superstition,
c'est de refuser de passer
sous un chat noir. »

Max Hoffmann

« Cheval : seul animal dans lequel on puisse planter des clous. »

Jules Renard

◆◆◆

« Les chevaux ont un sixième sens qui les dissuade de parier sur les humains. »

W.C. Fields

« Les femmes sont comme les chevaux, il faut leur parler avant de leur passer la bride. »

André Maurois

◆◆◆

« J'ai écrit "My Way" et j'ai offert la chanson à Frank Sinatra pour une seule et bonne raison : je ne voulais pas me réveiller avec une tête de cheval dans mon lit. »

Paul Anka

« Le coup du lapin ça doit être terrible chez la girafe. »

Philippe Geluck

◆◆◆

« Un lion mort ne vaut pas un moucheron qui respire. »

Voltaire

◆◆◆

« Le lion et l'agneau partageront peut-être la même couche, mais l'agneau ne dormira pas beaucoup. »

Woody Allen

« On compare parfois la cruauté
de l'homme à celle des fauves,
c'est faire injure à ces derniers. »

Fiodor Dostoïevski

◆◆◆

« Normalement un jeune tigre ne mange
pas les gens. Si vous êtes dévoré
par un tigre, vous pouvez être certain
qu'il n'est pas normal. »

Will Cuppy

« Il faut deux ans à un singe qu'on met dans une cage pour virer idiot, mais seulement deux secondes à un humain qu'on met dans une pub. »

Pierre Légaré

◆◆◆

« Si tu mets toujours un journal au fond de la cage de ta perruche, il se peut que ta perruche te regarde avec un drôle d'air quand elle te voit lire un journal. »

Pierre Légaré

« Il a bien fallu que le singe s'arrête quelque part pour que l'homme puisse en descendre. »

Sylvain Tesson

◆◆◆

« Singe : un homme qui n'a pas réussi. »

Jules Renard

◆◆◆

« L'homme descend du singe et monte sur la femme. »

Jean Yanne

« Le jour où l'on veut changer
son cheval borgne contre un aveugle, il faut
vraiment aller chez le psychiatre. »

Pierre Perret

◆◆◆

« Le mal vient à cheval et le bonheur à pied. »

Proverbe français

◆◆◆

« Un cheval de fiacre sent le sapin. »

Jean Audouard

« LE CHEVAL
EST UN ANIMAL
DANGEREUX AUX
DEUX EXTRÉMITÉS
ET INCONFORTABLE
AU MILIEU. »

IAN FLEMING

« Quand j'étais petit et que je jouais au bac à sable, j'étais tellement laid que les chats essayaient toujours de me couvrir de sable. »

Rodney Dangerfield

◆◆◆

« Vous savez que vous êtes vraiment au régime à partir du moment où même la nourriture pour chats vous ouvre l'appétit. »

Andy Bumatai

◆◆◆

« La seule chose mystérieuse sur les chats, c'est pourquoi ils ont décidé de se laisser domestiquer... »

Sir Compton MacKenzie

« Les chats ne prennent jamais une pose qui ne soit pas photogénique. »

Lillian Jackson Braun

◆◆◆

« Si les chats étaient plus sympas avec les souris, les souris n'auraient plus peur des chats. Et ce serait vachement plus facile de les attraper. »

Philippe Geluck

◆◆◆

« Les chats bâillent parce qu'ils se rendent compte qu'il n'y a rien à faire. »

Jack Kerouac

« Mon chien est un mélange
de labrador et de pitbull.
Quand il me mord la jambe,
il me la rapporte immédiatement. »

Frank Carson

◆◆◆

« Il y a déjà eu des chiens géants
sur la Terre, mais les seuls indices qu'on a,
ce sont les os des dinosaures qu'ils ont enterrés. »

Pierre Légaré

« On croit qu'on amène son chien pisser midi et soir. Grave erreur : ce sont les chiens qui nous invitent deux fois par jour à la méditation. »

Daniel Pennac

◆◆◆

« L'emploi du temps de mon chien est très chargé mine de rien : dormir-manger-jouer-dormir-manger-dormir, ce qui m'épate, c'est qu'il ne s'embrouille jamais… »

Vincent Gury

« À la chasse, je ne tire qu'en situation de légitime défense, par exemple si un lapin me menace avec un couteau. »

Johnny Carson

◆◆◆

« Tu n'as pas besoin d'un flash quand tu photographies un lapin blanc qui a déjà les yeux rouges. »

Pierre Légaré

« Je boirais du lait le jour où les vaches mangeront du raisin. »

Jean Gabin

« Cowbaye : gardien de vache à l'essai. »

Jean-Loup Chiflet

« La raison pour laquelle il n'y a pas
d'oiseaux droitiers ou gauchers,
c'est qu'ils voleraient en rond. »

Pierre Légaré

◆◆◆

« La dinde est la preuve vivante
qu'un animal n'a pas du tout besoin
d'être intelligent pour vivre. »

Harvey Comstock

◆◆◆

« Certains aiment les fleurs et les bêtes
parce qu'ils sont incapables de s'entendre
avec leur prochain. »

Sigrid Undset

« REGARDEZ
L'ORNITHORYNQUE.
ET VOUS VOUS
DEMANDEZ ENCORE
SI DIEU EST
POUR OU CONTRE
LA DROGUE ? »

ROBIN WILLIAMS

« Le ronronnement est le sourire du chat. »

Hector Bianciotti

◆◆◆

« Les chats sont des êtres faits pour emmagasiner la caresse. »

Stéphane Mallarmé

◆◆◆

« Le chat est une espèce d'automate mou et indestructible dans lequel vous pouvez donner des coups de pied quand vous êtes très en colère. »

Ambrose Bierce

« Il paraît qu'en Chine, un chat est né avec trois têtes. Minou, minou, minou ! »

Graig Kilborn

◆◆◆

« Je suis catholique, et quand ma mère est tombée sur mon diaphragme, j'ai été obligée de lui dire que c'était un bonnet de bain pour chat. »

Lizz Winstead

◆◆◆

« Tu peux entraîner un chat à rapporter un bâton, mais c'est plus rapide d'entraîner le bâton. »

Pierre Légaré

« En plus
des chauves-souris,
il y a des chauves-chats,
mais ils se cachent
beaucoup mieux. »

Pierre Légaré

◆◆◆

« L'écholocation est ce mécanisme
extraordinaire grâce auquel
les dauphins n'entrent jamais en collision
avec les chauves-souris. »

Pierre Légaré

« Les abeilles ne sont pas aussi pressées qu'elles en ont l'air. C'est juste qu'elles ne savent pas voler lentement. »

Kin Hubbard

◆◆◆

« Comme la chrysalide devient papillon, le cornichon devient concombre. »

Alfred Jarry

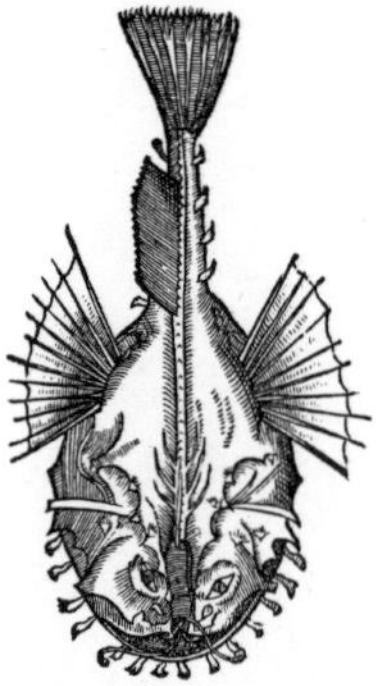

« Dans les régions de pêche clandestine
les bancs de harengs sont faits pour
que les maquereaux qui surveillent
les évolutions de leurs morues puissent s'y asseoir
en toute sécurité poissonnière. »

Pierre Dac

◆◆◆

« Un pêcheur amorce
sa ligne avec le ver qui s'est nourri d'un roi,
puis mange le poisson qui s'est nourri
du ver. »

William Shakespeare

« Avec une télécommande
et une chasse d'eau, l'homme
est un animal sédentaire
qui vit heureux. »

Bernard Pivot

◆◆◆

« L'homme est le seul animal qui prend
sur son temps de sommeil pour se reproduire. »

François Cavanna

« Avec son entourage, il était susceptible et méfiant comme un bœuf qui passe devant une boucherie. »

Pierre Perret

◆◆◆

« Prends le taureau par les cornes et ta femme avec des pincettes. »

Pierre Perret

◆◆◆

« Il était radin comme un écureuil. »

Pierre Perret

« ON PEUT DIRE
QUE CELUI QUI TIENT
UN CHAT PAR LA QUEUE
EST SUR LE POINT
DE PRENDRE UNE BELLE
LEÇON DE VIE. »

MARK TWAIN

« Ce qu'il y a de meilleur chez l'homme,
c'est le chien. »

Cami

◆◆◆

« Si les chiens se lèchent les testicules,
c'est parce qu'eux, ils y arrivent. »

Coluche

◆◆◆

« Ce qui est le plus plaisant avec un chien,
c'est qu'on peut faire l'idiot avec lui
et que non seulement il ne vous fera aucun
reproche mais il va faire l'idiot lui aussi. »

Samuel Butler

« Le pitbull est un chien avec lequel
on n'a pas le temps d'envoyer la baballe qu'il faut
déjà lui dire "ramène le bras à papa !" »

Laurent Ruquier

◆◆◆

« Pour garder une bonne perspective
de sa propre importance, chaque
personne devrait avoir un chien
qui l'adore et un chat qui l'ignore. »

Dereke Bruce

◆◆◆

« Si ton chien lève la patte et pisse
sur ta chaussure quand tu le promènes, tu marches
trop lentement. »

Pierre Légaré

« Rien, dans la théorie de Darwin, ne permet d'affirmer que dans 100 000 ans les pandas seront en couleurs. »

Pierre Légaré

◆◆◆

« Après avoir mangé, est-ce que les amphibiens doivent attendre trois heures avant de sortir de l'eau ? »

Steven Wright

« Zoo : Un endroit conçu pour que les animaux puissent étudier les mœurs humaines. »

Anonyme

◆◆◆

« L'amour est un tas de crottin. Et je suis le coq qui monte dessus pour chanter. »

Ernest Hemingway

« Dans un aquarium, les poissons se reproduisent par fécondation in vitro. »

Pierre Légaré

◆◆◆

« Une maison sans chat est un aquarium sans poisson. »

Jean-Louis Hue

◆◆◆

« Des scientifiques ont réussi à croiser un ver de terre et un hérisson : ils ont obtenu vingt centimètres de fil de fer barbelé. »

Anonyme

« Dans sa grande bonté,
Dieu a créé les mouches, mais il a
oublié de nous dire pourquoi. »

Ogden Nash

◆◆◆

« À mi-vie, presque tous les lézards perdent
leur queue. Il en est de même pour les hommes. »

Samuel Butler

◆◆◆

« Ne faites pas aux truies ce que
vous ne voudriez pas qu'elles vous fassent. »

Coluche

« Si seulement les hommes pouvaient s'aimer comme les chiens, le monde serait un paradis. »

James Douglas

◆◆◆

« Je déteste les gens qui ont un chien. Ils sont lâches et n'ont pas les tripes de mordre les gens eux-mêmes. »

August Strindberg

◆◆◆

« Les femmes c'est charmant, mais les chiens, c'est tellement plus fidèle. »

Sacha Guitry

« Le rire n'est pas le propre
de l'homme. Les chiens aussi savent rire,
en remuant la queue. »

Max Eastman

◆◆◆

« Est-ce que ça vous est déjà arrivé
d'entrer dans une pièce et d'oublier
pourquoi vous êtes entré ?
Je crois que c'est ce à quoi les chiens
passent leur vie. »

Sue Murphy

◆◆◆

« Il existe une vidéo pour connaître le Q.I.
de votre chien. Si vous achetez cette cassette
qui coûte 12,99 dollars, c'est sans doute
que votre chien est plus intelligent que vous. »

Jay Leno

« Dans les contes pour enfants,
les princesses donnent des baisers
aux crapauds. Dans la vie réelle,
les princesses embrassent les princes
et ceux-ci se transforment
en crapauds. »

Paulo Coelho

◆◆◆

« Elle avait une bouche
de miel, mais
une langue de vipère. »

Jean Audouard

« Ce sont les zèbres femelles
qui ont demandé que leurs rayures soient
verticales plutôt qu'horizontales. »

Pierre Légaré

◆◆◆

« Les fourmis savent
que la fourmilière
est surpeuplée quand
elles commencent à avoir
des fourmis dans les jambes. »

Pierre Légaré

◆◆◆

« Chez la sauterelle, c'est la même zone
du cerveau qui contrôle le hoquet et la marche. »

Pierre Légaré

« Mon chien est insupportable,
mais je le garde pour des raisons
sentimentales : mon mari le déteste. »

Juliette Récamier

◆◆◆

« On peut faire croire n'importe quoi à un chien, même la chose la plus stupide, il vous regardera toujours comme s'il pensait : "Mon Dieu tu as raison, j'aurais jamais cru ça !" »

Dave Barry

◆◆◆

« L'amour c'est l'infini mis
à la portée des caniches. »

Louis-Ferdinand Céline

« Le chien apprend à l'enfant la fidélité,
la persévérance et l'obligation de tourner
trois fois sur lui-même avant de se coucher. »

Robert Benchley

◆◆◆

« J'ai parfois essayé d'imaginer
la vision que les chiens pouvaient avoir
de nous en me mettant à quatre pattes
et en regardant vers le haut. »

E.V. Lucas

« Le chien est l'animal
le plus vigilant ; pourtant il dort
toute la journée. »

Georg Christoph Lichtenberg

◆◆◆

« Pour aider un chien perdu
à retrouver son chemin, il faut commencer
par lui faire sentir ses pattes. »

Pierre Légaré

◆◆◆

« Le chien est le seul être au monde
qui vous aime plus que vous ne vous aimez
vous-même. »

J. Billings

« J'ai un chien pas trop intelligent pour qu'il ne me prenne pas pour un con. »

Jean-Marie Gourio

« Comme la possession d'animaux sauvages
est interdite par la loi, et que je n'ai aucun plaisir
à avoir des animaux domestiques, je préfère
rester célibataire. »

Karl Kraus

◆◆◆

« Les animaux ne manquent jamais
de naturel, sauf à l'état domestique. »

Malcolm de Chazal

◆◆◆

« On appelle animaux domestiques
ceux qui se font servir par les hommes. »

Isidore Catpipaul

« Les hommes sont comme les animaux :
les gros mangent les petits
et les petits les piquent. »

Voltaire

◆◆◆

« Les animaux se lavent en se léchant.
Sauf les hérissons et les oursins. »

Philippe Geluck

◆◆◆

« Les animaux sont des amis tellement
agréables – ils ne posent jamais de questions,
ils ne font aucune critique. »

George Eliot

« L'homme appartient à ces espèces
d'animaux qui, une fois blessés,
peuvent devenir particulièrement
féroces. »

Gao Xingjian

◆◆◆

« L'amour humain
ne se distingue du rut
stupide des animaux
que par deux fonctions
divines : la caresse
et le baiser. »

Pierre Louÿs

« SI L'HOMME CIVILISÉ DEVAIT TUER LUI-MÊME LES ANIMAUX QU'IL MANGE, LE NOMBRE DES VÉGÉTARIENS AUGMENTERAIT DE FAÇON ASTRONOMIQUE. »

CHRISTIAN MORGENSEN

« La mode est à l'hygiène, les microbes
en mènent de moins en moins large.
Et la Société protectrice des animaux
qui ne bouge pas ! »

Alphonse Allais

◆◆◆

« J'ai donné ma jeunesse et ma beauté
aux hommes et maintenant je donne ma sagesse
et mon expérience aux animaux. »

Brigitte Bardot

◆◆◆

« On dirait que le singe n'a été fait
que pour humilier l'homme et lui rappeler qu'entre
lui et les animaux, il n'y a que des nuances. »

Jean-Baptiste Say

« De la baleine à la sardine et du poisson
rouge à l'anchois, dans le fond de l'eau
chacun dîne d'un plus petit que soi... »

Francis Blanche

◆◆◆

« Le renard en sait beaucoup,
mais celui qui le prend en sait davantage. »

Miguel de Cervantès

◆◆◆

« L'homme est un loup pour l'homme,
ce qui, vous en conviendrez, n'est pas très gentil
pour le loup. »

Serge Bouchard

« Célibataire, un paon ; fiancé, un lion ; marié, un âne. »

Proverbe espagnol

◆◆◆

« Ne traite pas le crocodile de sale gueule avant d'être complètement sorti du marigot. »

Alexandre Vialatte

« LA FORME
LA PLUS ÉLEVÉE
DE LA VIE ANIMALE
EST LA GIRAFE. »

JEAN-CHARLES

SPORTS

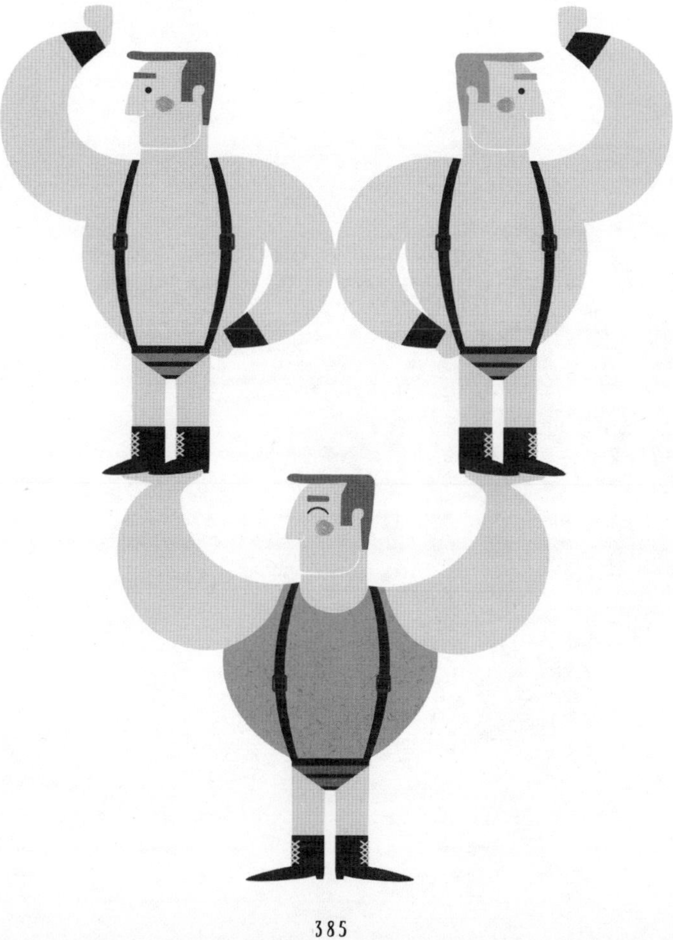

*« Le football est un miracle
qui a permis à l'Europe de se détester
sans se détruire. »*

Paul Auster

◆◆◆

« Un match de foot, au fond, c'est vingt-deux
spermatozoïdes qui essaient de rentrer
dans l'ovule ! C'est pour ça que tous les mecs
du monde entier adorent ça ! »

Björk

◆◆◆

*« Le football, c'est de la délinquance
organisée par des règles. »*

Jean-Louis Murat

« Si on ne sait pas qu'ils suivent la balle, les spectateurs d'un match de tennis ont vraiment l'air négatif. »

Pierre Légaré

◆◆◆

« J'ai toujours considéré le tennis comme un combat dans l'arène entre deux gladiateurs qui ont pour seules armes leurs raquettes et leur courage. »

Yannick Noah

◆◆◆

« Le tennis, c'est de la boxe avec des raquettes. »

Jonah Barrington

« Contrairement à bien d'autres sports, au tennis, si vous êtes en train de prendre une raclée, vous êtes censé rester sur le court et continuer à vous faire exploser. »

Bill Cosby

◆◆◆

« Chez les bonnes gens, la vie est aussi plate qu'un court de tennis. »

Frédéric Dard

◆◆◆

« Je ne m'interdis rien sur un court de tennis, tant que c'est dans l'optique de gagner un match. »

Boris Becker

« Je vois des mémères dans les stations de sports d'hiver qui feraient mieux de faire de l'avalanche que du ski. »

Frédéric Dard

◆◆◆

« La vie, c'est comme le ski. Les accidents les plus graves ont souvent lieu à l'arrêt, quand l'attention se relâche. »

Bruno Tessarech

« TU TOMBES DU TIRE-FESSES.
ET LÀ T'AS UN RÉFLEXE.
HUMAIN CERTES, MAIS TRÈS BIZARRE :
TU RESTES ACCROCHÉ AU TRUC.
C'EST QUOI CE DÉLIRE ?
TU POURRAIS TE METTRE À CÔTÉ
ET EN PRENDRE UN AUTRE.
NON C'EST À MOI CE TIRE-FESSES.
C'EST À MOI, JE L'AI RÉSERVÉ ! »

GAD ELMALEH

« Fait divers : L'homme qui a commis plusieurs viols en région parisienne et qui porte le même nom qu'un coureur cycliste, a été condamné à 20 ans de réclusion et élu meilleur grimpeur de la région. »

Les Nuls

◆◆◆

« Les discours ressemblent aux courses cyclistes qui se gagnent dans les derniers mètres. »

Frédéric Dard

« Cyclistes, fortifiez vos jambes
en mangeant des œufs mollets. »

Pierre Dac

◆◆◆

« Les spermatozoïdes des cyclistes
ont un numéro dans le dos. »

Jean-Marie Gourio

◆◆◆

« C'est le contraire du vélo, la
bicyclette. Une silhouette profilée
mauve fluo dévale à soixante-dix
à l'heure : c'est du vélo. Deux lycéennes
côte à côte traversent un pont
à Bruges : c'est de la bicyclette. »

Philippe Delerm

« Moi, je suis Zlatan. Mais toi, t'es qui, putain ? »

Zlatan Ibrahimović, à l'attention d'un journaliste alors qu'il évoluait à l'Inter Milan.

◆◆◆

« Tu crois en Dieu ?
– Euh, oui. »
– Oui ? Alors, tu dois croire en moi. »

Zlatan Ibrahimović s'adressant à l'attaquant de Barcelone, Bojan.

◆◆◆

« Arsène m'a demandé de faire un essai à Arsenal quand j'avais 17 ans. J'ai dit non. Zlatan ne fait pas d'essai. »

Zlatan Ibrahimović

« La Ligue 1 ? Ça va devenir
un bon championnat car aujourd'hui,
j'y joue. »

Zlatan Ibrahimović

◆◆◆

« Nous cherchons un appartement,
mais si nous ne trouvons rien, j'achèterai l'hôtel. »

Zlatan Ibrahimović en septembre 2012, après son arrivée à Paris.

◆◆◆

« Je pense que "zlataner",
ça veut dire dominer. »

Zlatan Ibrahimović

« Jouer contre Nadal à Roland-Garros,
c'est un peu comme être en plein milieu
du Sahara sans nourriture et sans eau.
Il y a très peu de chance de s'en sortir. »

Kevin Kim

◆◆◆

« Contre John McEnroe, tout ce
qu'il y a à faire, c'est lui serrer la main
et filer prendre une douche. »

Tomas Smid

◆◆◆

« L'autre jour, j'étais dans les vestiaires
avec cinq joueurs du top 10. Personne n'a ouvert
la bouche en 20 minutes. Quand je suis sorti,
je leur ai dit : "Ça a été un plaisir de discuter
avec vous." »

Jimmy Connors

« La mise en scène, c'est comme le tennis.
Au début, on trouve ça déjà tellement difficile
de renvoyer la balle dans le court qu'on ne cherche
même pas à avoir de stratégie. »

Francis Veber

◆◆◆

« Quand je vois du gel dans les cheveux
de mon adversaire, je prends un sacré coup
de vieux. »

Andre Agassi

◆◆◆

« Pancho Gonzalez n'est
pas un saint. Mais qui a
déjà vu un saint
sur un court de tennis ? »

Pancho Segura

« Aux Jeux Olympiques, les nageurs vont tellement vite dans les piscines, c'est à se demander s'ils aiment vraiment l'eau... »

Laurent Ruquier

◆◆◆

« J'étais le sale gosse de la natation. Je ne sais pas dire ce que l'autre a envie d'entendre, c'est ma nature. »

Amaury Leveaux

◆◆◆

« Je n'envie pas les femmes quand je repense à mes années de drague féroce. J'étais un Don Juan. Si j'avais été une femme, on aurait dit que j'étais une pute. »

Camille Lacourt

« Je sais nager... mais pas dans l'eau ! »

Jean Dujardin (Brice de Nice)

« Quand quatre hommes
ou plus se rencontrent,
ils parlent de sport.
Quand quatre femmes
ou plus se rencontrent,
elles parlent
des hommes. »

Rita Rudner

◆◆◆

« Organiser d'urgence les Jeux olympiques
des dopés, toutes drogues confondues
étant admises, du moment que les records
tombent. Succès garanti. »

Roland Topor

« Ma théorie est simple : si vous aimez courir, vous êtes prêt à supporter n'importe quelle souffrance physique. »

Peter Hildreth

◆◆◆

« Si tu passes tes loisirs au gymnase, tu auras toujours la poitrine robuste, le teint clair, les épaules carrées, les fesses rondes... et le sexe petit. »

Aristophane

« Dieu pardonne, moi pas. »

Gerd Müller

◆◆◆

« J'ai connu Miss Canada, puis Miss UK, puis Miss Monde. Ma vie, finalement, est assez monotone. »

George Best

◆◆◆

« Je ne suis pas là pour respecter mon adversaire. Je suis là pour l'humilier. »

Jimmy Connors

« L'herbe pousse, les oiseaux volent, les vagues repoussent le sable. Moi, mon job c'est juste de taper sur mes adversaires. »

Mohammed Ali

◆◆◆

« Quand on est ce que je suis, il est difficile de rester humble. »

Mohammed Ali

◆◆◆

« Mon combat le plus difficile a été celui contre ma première femme. »

Mohammed Ali

« Mes chances de gagner l'US Open
cette année sont les mêmes
que celles de tous les joueurs
qui ne se prénomment pas Roger. »

Andy Roddick

◆◆◆

« Ce qu'il y a de bien
au tennis, c'est qu'il
n'est pas possible
de jouer la montre.
Quoi qu'il arrive, il faut
trouver un moyen de
terminer la partie. »

Andre Agassi

« Anna Kournikova, Venus Williams et moi, nous sommes les Spice Girls du tennis. »

Martina Hingis

◆◆◆

« J'ai des places pour le concert de Coldplay ce soir, c'est pour ça que je voulais vite finir ce match. »

Andy Murray, après une défaite expéditive en double mixte à Wimbledon

« Pratiqué avec sérieux,
le sport n'a rien à voir avec
le fair-play. Il déborde de jalousie
haineuse, de bestialité, du mépris
de toute règle, de plaisir sadique
et de violence ; autrement dit,
c'est la guerre, les fusils en moins. »

George Orwell

◆◆◆

« Bien sûr que j'ai déjà fait du sport
en plein air. Une fois, j'ai joué aux dominos
à la terrasse d'un café parisien. »

Oscar Wilde

« UN BON SPORTIF EST UN SPORTIF MORT. »

Pierre Desproges

« Après son premier entraînement au Paradis, George Best, parti de son aile droite préférée, fit tourner la tête de Dieu, qui occupait le poste arrière gauche. J'adorerais qu'il me garde une place dans son équipe. George Best, je veux dire, pas Dieu. »

Éric Cantona

◆◆◆

« J'ai passé une journée avec Basile Boli en 1995 à Marseille, c'était n'importe quoi. Des mecs hurlaient : "Putain, Basile, Basile, la ville est à toi, putain Basile, si tu veux je te suce !" »

Jules-Edouard Moustic

« Le football n'est pas qu'une question de vie ou de mort, c'est bien plus que ça. »

Bill Shankly

◆◆◆

« Il existe une prédilection masochiste des Français pour deux exercices dans lesquels ils se révèlent malchanceux : la guerre et le football. »

Michel Audiard

◆◆◆

« S'il fallait prendre de la cocaïne pour être champion du monde, il y a longtemps que la Colombie aurait gagné la coupe. »

Christophe Dugarry

« La Formule 1, c'est 99 % d'ennui et 1 % de terreur. »

Geoff Brabham

◆◆◆

« Pour relancer l'intérêt de la compétition de Formule 1, on devrait les faire boire avant ! »

Laurent Ruquier

◆◆◆

« Piloter une Formule 1, c'est comme faire tenir en équilibre un œuf sur une cuiller tout en faisant du rafting. »

Graham Hill

« C'est encore heureux que les circuits de Formule 1 soient à sens unique. »

Philippe Geluck

◆◆◆

« En Formule 1, chance et malchance n'existent pas. Cette dernière n'est autre que la somme d'éléments ou de situations que nous n'avons pas su, ou pu, prévoir. »

Enzo Ferrari

◆◆◆

« La Formule 1, je ne regarde pas ; j'habite près du périphérique, je vois ça tous les jours… »

Laurent Ruquier

« On n'a pas besoin d'arbitre au basket, mais ça permet aux blancs d'avoir quelque chose à faire sur le terrain. »

Charles Barkley

◆◆◆

« L'homme descend du singe. Tomasi est un homme. Tomasi ne descend pas du panier de basket. »

Cédric Klapisch (*Le péril jeune*)

« Si Shakespeare avait été un basketteur professionnel, il n'aurait jamais eu le temps d'écrire toutes ces pièces. Il aurait passé sa vie dans un avion entre Phœnix et Kansas City. »

Paul Westhead, entraîneur de basket

◆◆◆

« Le basket, c'est bien ; parce que, vu l'état de la bouffe actuellement, je ne vois pas ce qui nous reste d'autre qu'un ballon à mettre dans un panier. »

Laurent Ruquier

« Mon sport favori : la sieste. »

Yves Mirande

◆◆◆

« Le sport amuse les masses,
leur bouffe l'esprit et les abêtit. »

Thomas Bernhard

◆◆◆

« Les sportifs sont des cons. Le temps qu'ils passent à courir, ils ne se demandent pas pourquoi ils courent. Alors faut pas s'étonner qu'ils soient aussi cons à l'arrivée qu'au départ. »

Coluche

« L'AMOUR
C'EST UN SPORT.
SURTOUT
S'IL Y EN A UN
QUI NE VEUT
PAS. »

JEAN YANNE

« Avoir une relation sexuelle
la veille d'un match n'a aucun
impact sur votre façon de jouer.
Ce qui en a un, c'est de veiller
tard pour trouver une fille. »

Andre Agassi

◆◆◆

« Le tennis, c'est très simple.
Si vous n'avez pas confiance en vous,
vous perdez. Le tennis, c'est d'abord la tête,
puis les jambes, et ensuite la technique. »

Chris Kriese

« La crétinerie est une qualité essentielle au tennis. »

Yannick Noah

◆◆◆

« Tout le monde me dit
qu'à mon époque, c'était plus facile
de faire le Grand Chelem.
Mais si c'était si facile,
pourquoi personne d'autre
ne l'a fait ? »

Don Budge

◆◆◆

« Ce qu'il y a de déprimant au tennis, c'est que même si vous devenez le meilleur joueur du monde, vous serez toujours moins bon qu'un mur. »

Mitch Hedberg

« On est des joueurs qu'on va vite avec le ballon. »

Franck Ribéry

◆◆◆

« C'est vrai qu'on vient de jouer contre une équipe qui sont vraiment très forte. »

Franck Ribéry

« Je suis quelqu'un
que j'aime beaucoup rigoler,
que j'aime bien blaguer. »

Franck Ribéry

◆◆◆

« J'espère que la
routourne va tourner. »

Franck Ribéry

« Chaque cycliste,
même débutant, sait qu'à
un moment ou un autre
de sa vie il aura
rendez-vous avec
une portière de voiture. »

Paul Fournel

◆◆◆

« Sans l'invention de la roue,
les coureurs du Tour de France
seraient condamnés à porter
leur bicyclette sur le dos. »

Pierre Dac

« Mettons que les sportifs arrêtent le doping... On aura l'air malins devant nos téléviseurs en attendant qu'ils battent les records ! Et puis le Tour de France, pour arriver le 14 juillet, eh ben y faudra qu'ils partent à Noël ! »

Coluche

◆◆◆

« Pourquoi le vainqueur du Tour de France ne fait-il jamais un tour d'honneur ? »

Craig Charles

« La question la plus stupide
que m'ait posée un journaliste sportif,
c'était de savoir si je tapais plus fort
la balle avec des gants rouges
ou des gants bleus.
Et le pire, c'est que je tape plus fort
avec des gants rouges. »

Frank Crawford

◆◆◆

« Le seul sport que je n'ai jamais
pratiqué, c'est la marche à pied,
quand je suivais les enterrements
de mes amis sportifs. »

George Bernard Shaw

« Un sportif français qui gagne est un Français. Un sportif qui perd est un sportif, pour ne pas dire plus. »

Coluche

◆◆◆

« Ma seule gymnastique, c'est d'aller aux enterrements de mes amis qui faisaient de la gymnastique pour rester en bonne santé. »

Georges Feydeau

◆◆◆

« Le sport développe la molécule du plaisir. »

José Garcia

« Le rugby, c'est le meilleur moyen d'éloigner du centre-ville trente brutes écervelées. »

Oscar Wilde

◆◆◆

« Il y aurait aussi du dopage dans le rugby : avant les perfusions, le ballon était rond. »

Laurent Ruquier

◆◆◆

« En littérature, c'est comme au rugby. Certains essais mériteraient d'être transformés. »

Sim

« La situation du rugby
anglais est grave
mais pas désespérée,
alors que celle du rugby
irlandais est désespérée,
mais pas très grave. »

Noel Henderson

◆◆◆

« Le sang rouge et noir coule
dans mes veines. »

Frédéric Michalak (de retour au stade toulousain)

« C'est incroyable à quel point Agassi frappe fort dans la balle. On dirait qu'il a un bazooka. Personne ne frappait la balle comme ça à mon époque. Même quand je joue au golf, je n'envoie pas la balle aussi loin. »

Ilie Nastase

◆◆◆

« Quand je gagne un match, le lendemain, je vais dans le même restaurant et je mange la même chose. Quand je gagne un tournoi, ça peut vite devenir pénible. »

Goran Ivanisevic

« Roger est le joueur derrière
lequel nous courrons tous.
Nous sommes 4 ou 5 dans ce cas-là.
Pour le battre, peut-être faut-il
que nous formions une équipe,
que nous unissions nos efforts,
un peu comme les Power Rangers ! »

Andy Roddick

◆◆◆

« Je connais des nonnes qui ont
plus de vie sociale que moi. »

Wendy Turnbull, joueuse de tennis professionnelle
de 1970 à 1989

« Le sport est dépassement de soi. Le sport est école de vie. »

Aimé Jacquet

« Le sport est un aspect important de la manipulation des masses. »

Monique Corriveau

« LE SPORT VA CHERCHER LA PEUR POUR LA DOMINER, LA FATIGUE POUR EN TRIOMPHER, LA DIFFICULTÉ POUR LA VAINCRE. »

Pierre de Coubertin

« Ce qu'il y a de drôle
dans le sport, c'est de se salir. »

Bill Watterson

◆◆◆

« Dans le sport, on gagne un grand
tournoi ou une grande course pour soi.
En politique, on atteint son but
pour les autres. »

François Bayrou

◆◆◆

« Une vie sportive est une vie
héroïque à vide. »

Jean Giraudoux

« Ma carrière de footballeur fut assez brève et peu glorieuse. Je n'ai joué qu'un seul match et j'ai marqué un but magnifique de l'extérieur du gauche qui n'a laissé aucune chance au gardien de notre équipe. »

John D. Sheridan

◆◆◆

« Il y a toujours quelque chose à retenir d'un médiocre match de football : une talonnade, un tir... On lit un livre raté avec la conviction que le suivant sera meilleur. »

Bernard Pivot

◆◆◆

« Le foot, c'est une fabrique de Bien et de Mal comme une autre. Cela figure deux camps qui se font la guerre de façon symbolique. »

Philippe Val

« J'AI DÉPENSÉ 90 % DE MON ARGENT EN ALCOOL ET EN FEMMES.

Le reste, je l'ai gaspillé. »

GEORGE BEST

« Je n'aime pas perdre
mon temps,
c'est pour ça que
je suis l'ambassadeur
des montres Tissot. »

Tony Parker

◆◆◆

« J'ai raté 9000 tirs dans ma carrière. J'ai perdu presque 300 matchs. 26 fois, on m'a fait confiance pour prendre le tir de la victoire et j'ai raté. J'ai échoué encore et encore et encore dans ma vie. Et c'est pourquoi j'ai réussi. »

Michael Jordan

« J'ai envie de tuer tout le monde à chaque fois que j'arrive à la salle. Je suis constamment nerveux. »

Kobe Bryant

◆◆◆

« Il vaut mieux apprendre à ne pas me parler. Vous secouez l'arbre et un léopard en tombe. »

Kobe Bryant

« Footballeur, c'est peut-être ce qui caractérise le moins David Beckham. »

Mark Simpson

◆◆◆

« Écoutez, M. Snoopy, vous n'emmènerez mon mari nulle part. Je connais votre réputation. »

Victoria Beckham, interrompant une soirée entre son mari et Snoop Dogg

◆◆◆

« Arriver dans la surface et ne pas pouvoir tirer au but, c'est comme danser avec sa sœur. »

Diego Maradona

« LES DOUCHES COLLECTIVES,
AU FOOT, ÇA SOUDE UNE ÉQUIPE
ET PUIS, C'EST QUELQUE CHOSE
DE TRÈS PARTICULIER,
À DOUZE OU TREIZE ANS,
QUAND TU TE METS NU DEVANT
TES PETITS CAMARADES.
**DEPUIS JE N'AIME PLUS
LES DOUCHES INDIVIDUELLES.** »

Philippe Katerine

◆◆◆

*« Je joue pour me battre
contre l'idée de perdre. »*

Éric Cantona

« Le golf n'est pas un jeu, c'est un mode de vie. »

Charles Rosin

◆◆◆

« Le golf, c'est le seul sport où les spectateurs doivent bouger. »

John Updike

◆◆◆

« Le golf, c'est une belle promenade ratée. »

Mark Twain

« Jouer au polo, c'est un peu comme jouer au golf pendant un tremblement de terre. »

Sylvester Stallone

◆◆◆

« Au golf, l'entraînement vous muscle cerveau. »

Sam Snead

◆◆◆

« Mon psy m'a prescrit une partie de golf pour soigner mes crises d'euphorie. »

Bruce Lansky

« La boxe est comme le jazz. Mieux c'est, moins les gens l'apprécient. »

George Foreman

◆◆◆

« La boxe a toujours été l'opéra du pauvre et des voyous. »

Jordi Bonells

◆◆◆

« Pour apprendre à boxer il suffit d'une nuit. Il faut une vie entière pour apprendre à combattre. »

Alessandro Baricco

« MÊME EN RÊVE, QUELQU'UN QUI S'IMAGINE QU'IL ME BAT FERAIT MIEUX DE SE RÉVEILLER ET DE VENIR S'EXCUSER. »

Mohammed Ali

« La première fois que j'ai joué
sur le court central de Wimbledon,
je n'arrivais pas à voir la balle.
Mais très vite, je me suis rendue
compte que j'étais tellement nerveuse
que j'avais oublié mes lunettes. »

Françoise Durr

◆◆◆

« Soit on couche avec une personne,
soit on fait un double avec elle. Mais
combiner les deux, c'est infaisable. »

Art Buchwald, à propos des doubles mixtes au tennis.

« Au tennis, quand on est en train de prendre une raclée en double, un bon truc pour déstabiliser ses adversaires, c'est de dire à l'un des deux au changement de côté : "Ton partenaire joue vraiment très bien." »

Michael O'Connell

◆◆◆

« L'expérience, c'est un gros avantage. Le seul problème, c'est que quand vous êtes expérimenté, vous êtes trop vieux pour courir après la balle. »

Jimmy Connors

« Je ne connais pas d'endroit plus tranquille que le bureau des réclamations d'un club de parachutistes. »

Jackie Martling

◆◆◆

« Le karaté est un art martial qui nécessite des années d'apprentissage avant de pouvoir, grâce à ses pieds et ses mains, réaliser les plus mauvais films de l'histoire du cinéma. »

Anonyme

« L'esprit d'équipe. C'est des mecs
qui sont une équipe et qui ont un seul esprit,
alors ils le partagent. »

Coluche

◆◆◆

« Être un bon pêcheur,
c'est une question de timing.
Il suffit d'arriver hier. »

Milton Berle

◆◆◆

« On ne parie jamais assez sur le cheval
qui vient de gagner une course. »

Richard Sasuly

« Mon médecin m'a dit récemment
que faire du jogging allongerait
mon espérance de vie.
Il avait raison. J'ai l'impression
d'avoir dix ans de plus. »

Milton Berle

◆◆◆

« Je ne fais jamais de jogging car je veux
mourir malade. »

Abe Lemons

◆◆◆

« En jogging, il n'y a pas d'importance
si vous arrivez en premier, dans
le milieu du peloton, ou en dernier.
Vous pouvez dire : "J'ai fini." Il y a
beaucoup de satisfaction à cet égard. »

Fred Lebow, cofondateur du marathon de New York.

« Je suis devenu un grand
coureur parce que si vous êtes
un gamin à Leeds
et que vous vous appelez
Sebastian, vous avez intérêt
à bien courir. »

Sebastian Coe

◆◆◆

« RIEN NE SERT DE COURIR
SI L'ON N'EST PAS PRESSÉ. »

Pierre Dac

« Le football, c'est l'émotion de l'incertitude et la possibilité de jouissance. »

Jorge Valadano

◆◆◆

« J'ai arrêté les parties de football le jour où j'ai reçu le ballon dans les parties. »

Sim

◆◆◆

« J'avais la bonne place au football, je tenais les buts, cela me permettait de réfléchir. »

Louis-Ferdinand Céline

« LE MEILLEUR
QUE JE SAIS
SUR LA MORALE
ET SUR LES
OBLIGATIONS
DE L'HOMME,
**C'EST AU FOOTBALL
QUE JE LE DOIS.** »

ALBERT CAMUS

« Un petit qui saute
va toujours moins haut
qu'un grand qui saute. »

Guy Roux

◆◆◆

« Malin comme un camion de singe,
le petit Lahm… »

Christian Jeanpierre

◆◆◆

« Le tir est passé
entre les pieds, à hauteur
de la hanche. »

Jean-Michel Larqué

« Si un jour j'ai besoin
d'une greffe de cerveau,
je choisirai celui d'un journaliste
sportif. Comme ça, je serai
certain d'avoir un cerveau
qui n'a jamais servi. »

Norm Van Brocklin

◆◆◆

« Pour les Marocains,
le couscous est cuit. »

Thierry Rolland

« En 1823, William Webb Ellis a pris le ballon dans ses mains et a parcouru tout le terrain. Et depuis 156 ans, on se demande pourquoi il a fait ça. »

Sir Tasker Watkins

◆◆◆

« Quand un entraîneur ennuie, il est rare que l'équipe chante. »

Daniel Herrero

« Je ne vais pas expliquer ce que je vais faire. Je vais faire. »

Guy Novès

◆◆◆

« Le rugby, c'est l'histoire d'un ballon avec des copains autour et quand il n'y a plus de ballon, il reste les copains. »

Jean-Pierre Rives

◆◆◆

« J'ai longtemps arpenté les chemins d'Ovalie, le territoire sans frontières des amateurs de rugby. C'est un monde où l'on se rencontre plus qu'on ne se croise. »

Daniel Herrero

« Le tennis n'encourage aucune sorte de développement intellectuel. »

Jim Courier

◆◆◆

« Un double, c'est comme un mariage. Le manque de communication peut tout détruire en un temps record. »

Harry Hopman

◆◆◆

« Je ne suis pas comme Venus Williams, ni comme Serena Williams. Je suis féminine. Je ne veux surtout pas leur ressembler. »

Anna Kournikova

« Le service a été inventé pour que le filet puisse jouer. »

Bill Cosby

◆◆◆

« Pour avoir une chance de gagner contre Björn Borg, il faut lui lacer la chaussure gauche avec la droite et jouer dans le noir. »

Jeff Greene

◆◆◆

« Ceux qui disent que le tennis n'est pas un sport de gentleman, je les emmerde. »

Ross Casals

« Il semble que Dieu m'ait mis sur Terre avec comme mission de jouer au football. »

Pelé

◆◆◆

« Un joueur de foot, c'est comme une femme, il ne faut pas le contraindre à évoluer dans certaines positions s'il ne veut pas. »

Carlos Bilardo, entraîneur argentin.

◆◆◆

« Un homme tout seul c'est parfois très bête, mais quand il y en a vingt-deux qui courent après un ballon et cinquante mille qui s'énervent en les regardant, alors là... »

Sim

« Les hémorragies cérébrales sont moins fréquentes chez les joueurs de football. Les cerveaux aussi. »

Pierre Desproges

« Si la notoriété du handballeur doit lui faire gagner deux fois plus d'argent, mais aussi devenir deux fois plus con, j'aurais tendance à dire : restons dans la situation actuelle. »

Claude Onesta

◆◆◆

« Je m'arrêterai lorsque je ne serai plus bon. »

Nicola Karabatic

« Pour moi, un champion
est un type qui a plus de cerveau
que de muscles. »

Nicola Karabatic

◆◆◆

« On est bénis par
les dieux de l'Olympe. »

Daniel Narcisse

« Le golf consiste à mettre une balle de 4 cm de diamètre sur une boule de 40 000 km de tour et à frapper la petite, non la grande. »

Winston Churchill

◆◆◆

« Le meilleur truc si vous avez du mal à rencontrer des gens, c'est d'aller sur un terrain de golf et de ramasser toutes les balles qui traînent. »

Jack Lemmon

◆◆◆

« Au golf on peut se faire beaucoup d'argent ! Demandez à mes ex-femmes ! Elles sont si riches que leurs maris ne travaillent pas ! »

Lee Trevino

« Il n'y a qu'une chose au monde
encore plus absurde que de jouer
au golf, c'est de regarder des gens
qui jouent au golf. »

Peter Andres

◆◆◆

« Le golf est un sport pacifique
qui se joue violemment de l'intérieur. »

Bob Toski

◆◆◆

« Le golf, c'est le caddie
de mes soucis. »

Frédéric Dard

« Si j'avais voulu jouer tout seul, j'aurais choisi le tennis. »

Ruud Gullit

◆◆◆

« Je crois que j'ai deux pieds. J'ai cette faculté depuis tout petit. »

Vincent Guérin

◆◆◆

« J'ai parlé à Dieu et il m'a demandé de rester tranquille. »

Diego Maradona

« Parfois je tape mal la balle.
Les fois où je marque en fait. »

Jan Wouters

« Mes parents
ont toujours été là
pour moi depuis
que j'ai 7 ans. »

David Beckham

« Pour un mauvais footballeur.
il (Zlatan) a une très bonne technique.
Mais pour un bon footballeur
il a une mauvaise technique. »

Johan Cruyff

« La différence entre la politique
et le baseball, c'est que lorsque
vous trichez au baseball,
on vous exclut du terrain. »

Ron Dentinger

◆◆◆

*« Les joueurs de baseball prennent
leur retraite et se mettent au golf.
Les joueurs de basket font la même
chose, et les footballeurs aussi.
Et nous, qu'est-ce qu'on est censé faire
quand on prend notre retraite ? »*

George Archer, golfeur inquiet.

« EN GROS,
LE CRICKET,
C'EST DU BASEBALL
SOUS VALIUM. »

ROBIN WILLIAMS

« Comment expliquer ma défaite ?
Je ne sais pas, cela dit il faut reconnaître que
j'étais très fatigué, que j'avais un bourdonnement
permanent dans les oreilles, que la semelle
de ma chaussure droite s'est décollée, que j'ai eu
des crampes à la fin du premier set,
et que j'ai perdu un de mes verres de contact.
Mais je ne cherche pas d'excuses. »

Bob Lutz

◆◆◆

« Les meilleurs joueurs sont toujours ceux qui se souviennent de leurs défaites, parce qu'ils ne veulent plus jamais revivre cette souffrance. »

Billie Jean King

« Les joueurs de tennis vivent
dans un monde complètement irréel.
C'est très dangereux de savoir
qu'on peut avoir tout ce qu'on veut
à n'importe quel moment. »

Yannick Noah

◆◆◆

« Le tennis, c'est plus qu'un sport.
C'est un art, au même titre que la danse. »

Bill Tilden

◆◆◆

« Le tennis, c'est comme les échecs,
il faut bien manœuvrer selon les forces
et les faiblesses de son adversaire. »

Althea Gibson

« Toute personne
qui regarde trois
matchs de foot d'affilée
devrait être déclarée
cliniquement
morte. »

Erma Bombeck

◆◆◆

« La beauté est un sport
où les hors-jeu sont fréquents. »

Frédéric Beigbeder

« Je suis fasciné par les entraîneurs
qui se mettent en survêt' pour regarder
un match. C'est un peu comme si un berger
se déguisait en chèvre ! »

Bertrand Burgalat

◆◆◆

« Le sport, c'est une très mauvaise idée :
ça fait grossir quand on arrête ! »

Michèle Bernier

◆◆◆

« La chance, c'est le mot qui sert à décrire
la victoire d'un joueur que l'on n'aime pas. »

Ari Gold

« L'EPO n'est pas plus dangereuse
que dix litres de jus d'orange...
Tout ce qui n'est pas détecté par les contrôles
n'est pas du dopage... »

Dr Michele Ferrari

◆◆◆

« Le jour où un bourrin détrônera
un pur-sang grâce à une piqûre,
alors là, oui, le cyclisme sera
en danger de mort. »

Pierre Chany

◆◆◆

« Vous savez Monsieur le Président, on ne se
dope pas plus pour faire 3500 km en vingt jours
que pour courir 100 mètres en neuf secondes . . . »

Jacques Goddet en s'adressant à Jacques Chirac.

« J'ai été dopé à l'insu de mon plein gré... »

Richard Virenque

◆◆◆

« On ne va pas jeter la pierre à Virenque
parce qu'il s'est fait piquer ;
il y a bien des voitures à injection ;
pourquoi pas des coureurs ? »

Laurent Ruquier

◆◆◆

« Le dopage dans le football, c'est en Italie, pas en France... Le dopage dans le football, c'est comme le nuage de Tchernobyl, il s'arrête à notre frontière. »

Laurent Ruquier

« En gros, la boxe c'est des blancs
qui regardent des noirs se taper dessus. »
Mohammed Ali

◆◆◆

« La boxe est réputée être le plus dur de tous les sports, alors qu'en fait c'est juste un coup à prendre. »
Marc Escayrol

◆◆◆

« Je suis monté sur le ring avec Mohammed Ali et j'ai lu de la peur dans son regard. Je crois bien qu'il a cru qu'il allait me tuer. »
Tommy Cooper

« J'AIMERAIS BIEN
AVOIR LE CORPS
DE MOHAMMED ALI
PENDANT 48 HEURES.
IL Y A TROIS TYPES
À QUI J'AIMERAIS BIEN
RÉGLER LEUR COMPTE,
ET QUATRE FEMMES
À QUI J'AIMERAIS BIEN
FAIRE L'AMOUR. »

JIM MURRAY

« Je suis fatigué de toujours parler d'argent. Je veux juste jouer au basket, boire du Pepsi et porter des Reebok. »

Shaquille O'Neal

◆◆◆

« Il y a Michael Jordan et il y a le reste d'entre nous. »

Magic Johnson

◆◆◆

« Si vous rentrez dans un mur, n'abandonnez pas. Trouvez un moyen de l'escalader, le traverser, ou travaillez autour. »

Michael Jordan

« Le roi Lion est un film qui m'a
permis d'apprendre à relativiser
par rapport aux obstacles que l'on peut
rencontrer dans la vie. »

Tony Parker

◆◆◆

« La dernière fois que j'ai été intimidé,
j'avais six ans et j'étais en cours de karaté. »

Kobe Bryant

◆◆◆

« Je ne fais pas chier
les abeilles, mec. À part ça,
je n'ai peur de rien. »

Kobe Bryant

« Si quelque chose n'a pas marché sur le court aujourd'hui ? Oui, mon portable ne captait pas. »

Andy Roddick

◆◆◆

« Si je ne jouais pas au tennis, j'aurais certainement besoin d'aller chez un psy. »

Arthur Ashe

« Il faudrait que je gagne de temps en temps contre lui pour qu'on puisse parler de rivalité. »

Andy Roddick, à propos de Roger Federer.

◆◆◆

« Nadal, vous lui entrouvrez une porte, il vous la défonce à grands coups d'épaule. »

Guy Forget

« Pour moi, le sport, c'est quand un type sort d'un terrain et qu'on ne peut pas deviner à son attitude s'il a gagné ou perdu, parce qu'il a gardé sa fierté en toutes circonstances. »

Jim Courier

◆◆◆

« Notre équipe vit pour le hockey, rêve de hockey, mange hockey. Maintenant il serait temps qu'elle se mette à jouer au hockey. »

Milton Berle

« Il n'y a pas une grande différence entre pêcher et rester assis au bord de l'eau avec l'air idiot. »

Steven Wright

◆◆◆

« Presque tous les sports ont été inventés par les Britanniques, et quand les autres nations deviennent meilleures qu'eux, ils se dépêchent d'inventer un nouveau sport. »

Peter Ustinov

« Les stades de foot dans les banlieues défavorisées, c'est comme le matelas électrique pour bien voir la télé dans les hôpitaux. Bien sûr que c'est important, mais il faut d'abord de bons pansements, des bons médicaments, des bons médecins, et ensuite, on parle du lit électrique. »

Philippe Val

◆◆◆

« Il n'y a pas d'endroit dans le monde où l'homme est plus heureux que dans un stade de football. »

Albert Camus

« QUE L'ON CONSTRUISE DAVANTAGE DE STADES DANS LES BANLIEUES NE RÉSOUT PAS LE PROBLÈME. ET POURQUOI PAS DES TABLES DE PING-PONG PENDANT QU'ON Y EST ? »

Lilian Thuram

« Jouer au golf, c'est comme chercher une pilule de quinine dans un pré à vaches. »

Winston Churchill

◆◆◆

« Le golf est, pour ceux qui ont fait leur chemin, l'amusement d'accomplir encore un parcours. »

Albert Willmetz

◆◆◆

« À l'approche, choisir son club, c'est comme choisir une femme. C'est différent à chaque coup ! »

Ben Hogan

« Le golf est une excellente
randonnée gâchée. »

Mark Twain

◆◆◆

« J'ai encore un fer numéro 1,
mais je ne m'en sers maintenant
que pour remuer les bûches
dans la cheminée ! »

Bob Mailloux

◆◆◆

« Le golf se joue sur un
parcours de 25 cm, l'espace
entre vos oreilles. »

Bobby Jones

« Le hockey sur glace est un savant mélange de glisse acrobatique et de Seconde Guerre mondiale. »

Alfred Hitchcock

◆◆◆

« Hier je suis allé voir une bagarre générale, mais un match de hockey a éclaté en plein milieu. »

Rodney Dangerfield

« Au Canada, vous n'êtes pas
un joueur de hockey jusqu'à ce que
vous ayez perdu quelques dents. »

Andy Bathgate

◆◆◆

*« Le hockey, c'est assassiner
sur la glace. »*

Jim Murray

◆◆◆

« J'étais un multimillionnaire
en jouant au hockey. Puis j'ai divorcé,
et maintenant je suis un millionnaire. »

Bobby Hull

« Un cheval vaincu
n'est pas convaincu. »

Marthe Kiley Worthington

◆◆◆

« Le cheval n'a pas demandé
à faire d'équitation. Le premier devoir
du cavalier, c'est donc d'essayer
de lui faire apprécier ce boulot. »

Véronique de Saint Vaulry

« Selon la façon de monter à cheval,
on est un cavalier ou un garçon d'écurie. »

Miguel de Cervantès

◆◆◆

« Nous avons presque oublié combien il
est étonnant qu'un animal aussi grand,
aussi puissant et aussi intelligent, puisse
accepter sur son dos un autre animal
tellement plus faible ! »

Peter Gray

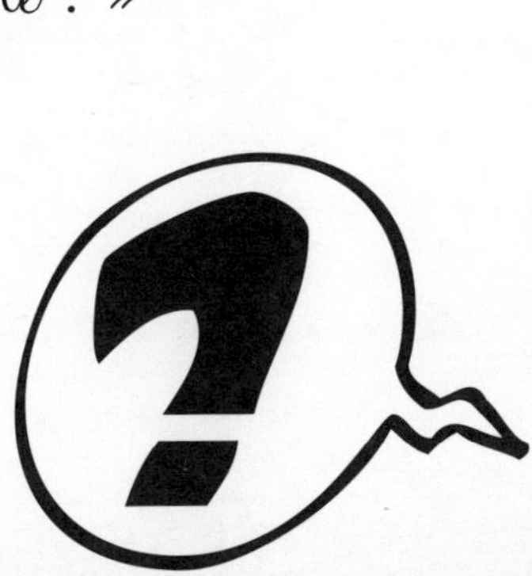

« Zidane fait partie
de cet extraordinaire complot
transparent qu'est le football.
Il pourrait avoir un destin politique.
Zidane, s'il voulait. »

Doc Gynéco

◆◆◆

« Même ses pieds sont intelligents. »

Michel Hidalgo au sujet de Michel Platini.

« CE SERAIT QUAND MÊME
UN PARADOXE QUE CEUX QUI
SOIENT DANS LES TRIBUNES
PAIENT DES IMPÔTS
POUR ADMIRER
SUR LA PELOUSE DES JOUEURS
QUI N'EN PAIENT PLUS !
SI ON LAISSE FAIRE ÇA, LE FOOT
PEUT ÊTRE LE PIRE SYMBOLE
DE LA FUTURE SOCIÉTÉ. »

FRANÇOIS HOLLANDE

« Tant qu'un joueur n'a pas gagné Wimbledon, on ne peut pas le considérer comme une légende. »

Mats Wilander

◆◆◆

« La meilleure équipe de double au monde, c'est John McEnroe associé à n'importe qui. »

Peter Fleming

« C'était le plus long cinquième set de l'histoire ? Vraiment ? Alors pour répondre à votre question : non, je n'ai jamais disputé un cinquième set aussi long que celui-là. »

Andy Roddick

◆◆◆

« Je ne veux pas passer pour un paranoïaque, mais il me semble que le juge de ligne électronique sait qui je suis. »

John McEnroe

◆◆◆

« Parfois on me reconnaît dans la rue, mais ensuite on me demande quel est mon métier. »

Andre Agassi

« J'avais une maison au bord
de la mer. Mais pour aller à la plage,
il fallait passer devant un bar. Je n'ai
jamais vu la mer »

George Best

◆◆◆

« En 1969 j'ai arrêté les femmes
et l'alcool. ça a été les 20 minutes
les plus dures de ma vie. »

George Best

◆◆◆

« J'arrête de boire, mais seulement
quand je dors. »

George Best

*« J'ai dit un jour que le Q.I.
de Gazza (alias Paul Gascoigne)
était plus petit que le numéro
de son maillot et il m'a demandé :
"Qu'est ce qu'un Q.I. ?" »*

George Best

◆◆◆

« Dix heures pour 40 pintes ; j'ai battu
mon record de 20 minutes. »

George Best. Après sa greffe du foie en 2002.

◆◆◆

*« Maradona Good, Pelé Better,
George Best. »*

Banderole lors des funérailles de George Best.

« SI LA PEUR DE LA MORT ARRÊTAIT LES HOMMES, VOUS N'AURIEZ NI GRANDS SOLDATS, NI GRANDS SPORTIFS. »

Robert Badinter

◆◆◆

« Beaucoup de sportifs ont des choses à dire. Peu sont entendus. »

Fabien Canu

« Évitez soigneusement de faire du sport :
il y a des gens qui sont payés pour ça. »

Stephen Leacock

◆◆◆

« Baisser les bras dans une compétition
sous prétexte qu'on ne peut terminer premier est
incompatible avec l'esprit du sport. »

Éric Tabarly

◆◆◆

« Le sport, c'est aussi le hooliganisme,
des énergies considérables canalisées
dans la bêtise. »

Jean Dion

« Un adversaire défensif ?
C'est comme faire l'amour
à un arbre ! »

Jorge Valadano

◆◆◆

« Gagner Wimbledon, c'est comme faire
l'amour cent fois à la femme de ses rêves. »

John Newcombe

◆◆◆

« Le judo est comme l'amour : il arrive
que ça ne dure pas longtemps et l'essentiel
se joue à l'horizontale dans un enchevêtrement
de membres. »

Jean Dion

« L'EFFET MONDIAL,
C'EST COMME LE VIAGRA :
PLAISIR D'AMOUR
NE DURE
QU'UN MOMENT. »

PHILIPPE GILDAS

« Le flirt est la leçon d'escrime que prend une femme avec des fleurets mouchetés avant d'aller sur le terrain des épées véritables. »

Maurice Donnay

◆◆◆

« Sans le duel, on ferait de l'escrime tranquillement. »

Jules Renard

« Le tennis et le ping-pong, c'est pareil. Sauf qu'au tennis, les joueurs sont debout sur la table. »

Coluche

◆◆◆

« Les pom-pom girls… attendez… non il n'y en a pas. »

Andy Roddick, sur les raisons qui le poussent à jouer au tennis.

« Tant que je suis contrarié, je joue bien. Si je joue bien, je peux battre n'importe qui. Donc je suis heureux quand je suis contrarié. »

Ilie Nastase

◆◆◆

« Je vise toujours la tête de mon adversaire. »

Lleyton Hewitt

◆◆◆

« Si ce match se disputait dans une piscine, Roddick serait en train de se noyer tandis que Federer marcherait sur l'eau. »

Chris Bailey, commentateur de la BBC.

« LE TENNIS EST UN SPORT
DE JEUNES. JUSQU'À 25 ANS
VOUS POUVEZ JOUER DES SIMPLES.
DE 25 À 35 ANS,
VOUS DEVEZ JOUER DES DOUBLES.
JE NE VOUS DIRAI PAS L'ÂGE
QUE J'AI, MAIS SACHEZ
QUE LORSQUE JE JOUE,
IL Y A 28 JOUEURS
SUR LE COURT, ET ILS SONT
TOUS DANS MA MOITIÉ
DE TERRAIN. »

GEORGE BURNS

« Nous avons payé l'arbitre
pour qu'il te déclare vainqueur ;
nous avons payé ton adversaire pour qu'il te laisse
gagner. Le reste dépend de toi. »

Groucho Marx

◆◆◆

« Tous les Anglais considèrent
le football comme un sport plus fatigant
et donc plus valable que l'amour. »

Eric Linklater

◆◆◆

« Je me sentais comme un cycliste
condamné à rouler sur une roue dans
un bateau pendant la tempête. »

Harpo Marx

« C'est un Belge qui a battu
le record du 100 mètres : il vient
de courir 102 mètres. »

Coluche

◆◆◆

« J'ai entendu qu'une skieuse
espagnole avait remporté une descente de coupe
du monde. C'est un peu comme si un Autrichien
avait gagné une corrida. »

Marc Escayrol

◆◆◆

« Je crois que je vais laisser
perdre mon adversaire. »

Pete Rose

« Si on avait su que tout ça finirait par voir Barthez embrasser McDonalds... »

Jean-Luc Godard

◆◆◆

« Si le football peut être considéré comme un art, j'étais un artiste. »

George Best

◆◆◆

« Pour moi, avoir des relations sexuelles était aussi appréciable avant un match qu'après. Mais j'ai toujours refusé de céder à la tentation lors de la mi-temps d'un match. »

Pelé

« ON PEUT TOUJOURS TROUVER PLUS CONS QUE LES SUPPORTERS : Y A LES SPORTIFS. PARCE QUE LES SUPPORTERS, ILS SONT ASSIS : *les autres, ils courent !* »

COLUCHE

« Lorsque j'ai perdu le record
du monde du décathlon, j'ai réagi en homme.
Je n'ai pleuré que 10 heures. »

Daley Thompson

◆◆◆

« Il y a deux situations
dans le volley : ou vous avez
l'initiative ou c'est l'équipe
adverse qui l'a. »

John Kessel

◆◆◆

« L'athlète est un homme qui a décidé
de reculer les murs de sa prison. »

Antoine Blondin

« Je sais que je ne suis pas Kim Bassinger, mais contrairement à elle, je suis très forte au lancer du javelot. »

Fatima Whitbread

◆◆◆

« Si la natation est bonne pour la ligne, pourquoi les baleines sont-elles si grosses ? »

Robert Mitchum

◆◆◆

« Nous avons dominé 99 % du match. Ce sont les 3 % restants qui nous ont coûté la victoire. »

Ruud Gullit

« L'ÉQUIPE DE FRANCE,
C'EST ONZE ADOLESCENTS
QUI CHERCHENT
LEUR MAMAN. ILS VONT
PEUT-ÊTRE DEVENIR
DES HOMMES À 35 ANS,
MAIS EN ATTENDANT,
IL FAUT SE TAPER UNE
ESPÈCE DE PETITE TRIBU
DE NIGAUDS. »

JEAN-LOUIS MURAT

« Le bobsleigh, c'est comme l'amour :
on hésite au début, on trouve cela
très bien pendant et on regrette
que cela soit déjà terminé après. »

Roselyne Bachelot

◆◆◆

« Aux récents
championnats du monde
de curling, l'équipe belge
a été disqualifiée pour
avoir remplacé le balai
par un aspirateur. »

Marc Escayrol

« J'ai un but, je veux être une légende. »

Usain Bolt

◆◆◆

« Si vous ne dites pas à tous les gens de vos pays, à la télé, dans les journaux, que je suis une légende vivante, je ne donnerai plus jamais d'interviews. »

Usain Bolt

◆◆◆

« C'est parce que je suis riche, beau et que je suis un grand joueur qu'on me siffle. Les gens sont jaloux de moi. Je ne vois aucune autre explication. »

Cristiano Ronaldo

« STARTER :
ON N'A ENCORE TROUVÉ
QUE LE REVOLVER POUR
FAIRE PARTIR
LE PROJECTILE HUMAIN
À SA PLUS GRANDE
VITESSE. »

JEAN GIRAUDOUX